高等学校教材

大学体育
College Physical Education

孙 威　张向辉　主编

化学工业出版社
·北京·

内 容 简 介

《大学体育》分为体育理论、球类运动、休闲时尚运动、民族传统体育与传统养生术、冬季运动五篇。

其中体育理论篇的内容包括大学体育概述，科学体育健身、运动损伤及预防和体育文化。球类运动篇的内容包括篮球、足球、排球、网球、羽毛球、乒乓球和毽球。休闲时尚运动篇的内容包括瑜伽、健美操、形体训练、轮滑运动、旱地冰球和健康体适能。民族传统体育与传统养生术篇的内容包括24式太极拳、初级长拳、国际第二套竞赛套路刀术、初级剑术、少林阴手棍、40式太极拳、42式太极拳、短兵、散打、射艺、跆拳道、剑道、六字诀、八段锦和易筋经。冬季运动篇的内容包括滑冰和滑雪。

《大学体育》可作为普通高等学校大学体育课程的教材，也可供体育运动爱好者学习参考。

图书在版编目（CIP）数据

大学体育／孙威，张向辉主编．—北京：化学工业出版社，2021.9（2022.9重印）
ISBN 978-7-122-39819-2

Ⅰ．①大… Ⅱ．①孙… ②张… Ⅲ．①体育-高等学校-教材 Ⅳ．①G807.4

中国版本图书馆CIP数据核字（2021）第176648号

责任编辑：宋 薇	版式设计：水长流文化
责任校对：王素芹	装帧设计：张 辉

出版发行：化学工业出版社（北京市东城区青年湖南街13号 邮政编码100011）
印　　装：三河市延风印装有限公司
787mm×1092mm　1/16　印张14¾　字数415千字　2022年9月北京第1版第2次印刷

购书咨询：010-64518888　　　　　　　　　　售后服务：010-64518899
网　　址：http://www.cip.com.cn
凡购买本书，如有缺损质量问题，本社销售中心负责调换。

定　价：49.80元　　　　　　　　　　　　　　　　　　版权所有　违者必究

本书编委会

主　　任： 孙　威　张向辉

副 主 任： 李继锋　焦虎四　党广伟
　　　　　　刘东旭

编　　委（以姓氏笔画排序）：
　　　　　　王继伟　刘　鹏　刘东旭
　　　　　　刘树民　齐　婷　孙　威
　　　　　　孙隆涛　李诗琳　李爱臣
　　　　　　李继锋　李福祥　杨志林
　　　　　　吴　静　吴　熙　张向辉
　　　　　　赵永强　孟慧清　党广伟
　　　　　　韩子鹏　程永春　满清德
　　　　　　焦虎四

前言

大学体育主要是增进学生身心健康，让学生在掌握体育的基础知识、基本技术和基本技能过程中，享受乐趣，立德树人，提升综合素质，健全人格、锤炼意志，促进德智体美劳全面发展。

本书为教育信息化改革创新教材，即慕课版教材，书中多个章节的内容配备有二维码，课程资源扫码即可观看，部分资源还采用了AR增强现实技术进行生动、形象的模拟。

全书分为5篇，共33章。具体编写分工为：第一章和第三章由孙威编写；第二章由张向辉编写；第四章文稿由程永春、李福祥编写，孙隆涛、李诗琳和李爱臣制作视频；第五章由吴熙编写和制作视频；第六章文稿由杨志林和满清德编写，李继锋制作视频；第七章由张向辉和党广伟编写，党广伟制作视频；第八章由刘鹏编写和制作视频；第九章由刘树民编写和制作视频；第十章由王继伟编写和制作视频；第十一章由吴静和孟慧清编写，吴静制作视频；第十二章和第十三章由齐婷和吴静编写，齐婷制作视频；第十四章和第三十二章由刘东旭编写和制作视频；第十五章由刘树民编写和制作视频；第十六章和第二十六章由党广伟编写和制作视频；第十七章至第二十一章和第二十四章由焦虎四编写和制作视频；第二十二章和第三十三章由李继锋编写和制作视频；第二十三章由李福祥编写和制作视频；第二十五章由韩子鹏编写和制作视频；第二十七章由程永春编写；第二十八章由刘东旭编写，杨志林制作视频；第二十九章至三十一章由孙威和焦虎四编写，焦虎四制作视频。武术类视频由赵永强剪辑。

书中刀术、剑术、少林阴手棍、短兵、射艺等课程中使用的体育器械务必在老师指导下练习和使用，以安全第一为原则。

本教材在编写过程中参阅了一些相关资料，在此一并向关心、支持本书工作的各界人士表示衷心感谢！

由于编者水平所限，难免疏漏，敬请指正！

编者
2021年8月

目录

第一篇 体育理论

第一章 大学体育概述 ………………………………… 001
第二章 科学体育健身、运动损伤及预防 ………… 004
第三章 体育文化 ……………………………………… 007

第二篇 球类运动

第四章 篮球 …………………………………………… 009
第五章 足球 …………………………………………… 014
第六章 排球 …………………………………………… 022
第七章 网球 …………………………………………… 028
第八章 羽毛球 ………………………………………… 033
第九章 乒乓球运动 …………………………………… 041
第十章 毽球 …………………………………………… 047

第三篇 休闲时尚运动

第十一章 瑜伽 ………………………………………… 053
第十二章 健美操 ……………………………………… 064
第十三章 形体训练 …………………………………… 076
第十四章 轮滑运动 …………………………………… 081
第十五章 旱地冰球 …………………………………… 087
第十六章 健康体适能 ………………………………… 097

第四篇 民族传统体育与传统养生术

第十七章	24式太极拳	104
第十八章	初级长拳	106
第十九章	国际第二套竞赛套路刀术	109
第二十章	初级剑术	121
第二十一章	少林阴手棍	128
第二十二章	40式太极拳	138
第二十三章	42式太极拳	150
第二十四章	短兵	163
第二十五章	散打	179
第二十六章	射艺	186
第二十七章	跆拳道	190
第二十八章	剑道	194
第二十九章	六字诀	201
第三十章	八段锦	203
第三十一章	易筋经	215

第五篇 冬季运动

| 第三十二章 | 滑冰 | 220 |
| 第三十三章 | 滑雪 | 227 |

参考文献 230

第一篇 体育理论

第一章 大学体育概述

学校体育要树立健康第一的教育理念，聚焦教会、勤练、常赛，帮助学生在体育锻炼中享受乐趣、增强体质、健全人格、锤炼意志；培养德智体美劳全面发展的社会主义建设者和接班人。

第一节 身体健康

1. 健康的定义

健康是一种身体上、精神上的完满状态，同时要有良好的适应能力，而不仅仅是没有疾病和衰弱的状态。或者可以说一个人身体健康、心理健康、社会适应能力良好和道德健康四方面都健全，才是完全健康的人。

现代健康观改变了过去单纯从人的生物性方面来考察健康问题，即"身体没病就是健康"的观点，而是更加全面、客观地从生物学、心理状态和社会交际活动三方面综合探讨人的健康，积极鼓励人们去获得健康。

2. 心理健康的标志

① 认知能力正常，没有精神性认知障碍。
② 情绪稳定，积极愉快。
③ 有健康的理想和价值观。
④ 个性（人格）健全，情操健康。
⑤ 人际关系和谐。
⑥ 能正确进行自我评价。
⑦ 对困难和挫折有良好的承受力。

第二节 大学体育的目标与要求

一、大学体育课程的目标

1. 基本目标

① 运动参与目标：积极参与各种体育活动并基本形成自觉锻炼的习惯，基本形成终身体育的意识，能够编制可行的个人锻炼计划，具有一定的体育文化欣赏能力。

② 运动技能目标：熟练掌握两项以上健身运动的基本方法和技能；能科学地进行体育锻

炼，提高自己的运动能力；掌握常见运动创伤的处置方法。

③ 身体健康目标：体能测试和评价体质健康状况，掌握有效提高身体素质、全面发展体能的知识与方法；能合理选择人体需要的健康营养食品；养成良好的行为习惯，形成健康的生活方式；具有健康的体魄。

④ 心理健康目标：根据自己的能力设置体育学习目标；自觉通过体育活动改善心理状态、克服心理障碍，养成积极乐观的生活态度；运用适宜的方法调节自己的情绪；在运动中体验运动的乐趣和成功的感觉。

⑤ 社会适应目标：表现出良好的体育道德和合作精神；正确处理竞争与合作的关系。

2. 发展目标

① 运动参与目标：形成良好的体育锻炼习惯；能独立制订自身需要的健身运动处方；具有较高的体育文化素养和观赏水平。

② 运动技能目标：积极提高运动技术水平，发展自己的运动才能，在某个运动项目上达到或相当于国家等级运动员水平；能参加有挑战性的野外活动和运动竞赛。

③ 身体健康目标：能选择良好的运动环境，全面发展体能，提高自身科学锻炼的能力，练就强健的体魄。

④ 心理健康目标：在具有挑战性的运动环境中表现出顽强的意志品质。

⑤ 社会适应目标：形成良好的行为习惯，主动关心、积极参加社区体育事务。

二、大学体育的基本要求

1. 建立正确的体育意识

随着社会的不断进步，体育在现代社会中的地位和作用越来越被人们所重视，体育的作用和影响远远超出了文化和教育的范畴，具有广泛的社会学和心理学意义。用通俗易懂的方式可将体育意识表述为：人们对体育及其重要性的认识，以及由此产生的思想观念、心理活动的总和。而大学生的体育意识是指大学生对体育的认识和理解，主要包括理解体育运动的意义和作用，具有参与体育活动的欲望和要求等。

2. 提高体育能力

能力是指人在顺利完成某一活动时所表现出的身心统一、协调配合的才能。能力除与先天因素有关外，还需要培养。个体的生理素质是能力发展的自然前提；教学训练及从事实践活动对能力发展具有重要意义；社会环境则是能力发展的根本保证。体育能力是从事身体活动所必备的知识、身体素质、技能和方法，它包括体育的认识能力、体育的审美能力、身体基本活动能力、运动能力、自我锻炼能力、自我评价能力等。学生的体育能力也可称为学生"自学自练的能力"。一定量的体育运动对其他能力发展也有积极作用，体育运动能增强肌肉活动的力量，使循环呼吸机能得到改善等。

3. 培养学生的体育锻炼兴趣和爱好

（1）对体育的兴趣。兴趣是人们在对体育需要的基础上产生和发展的，因为需要的对象正是兴趣的对象。同时我们还必须明白，在较低级的需要基础上产生的兴趣只是暂时的，只有建立在文化和精神需要基础上的兴趣才会是持久的，在需要得到满足后又会产生更加浓厚的兴趣。大学生理应将自己对体育的兴趣建立在高级需要基础上。

（2）爱好是从事活动的基础。当人们对体育的兴趣进一步发展成为从事体育活动的倾向时，就发展成了爱好。爱好总是与活动紧密地联系在一起。有的大学生只对体育有观赏的兴趣，而没有积极从事体育活动的爱好，这样实在难以使体育运动真正进入自己的生活，当然也就很难养成参与体育运动的良好习惯。

（3）正确对待体育的兴趣和爱好。从教育的角度出发对待兴趣。学生有兴趣的，要发扬；学生无兴趣，但有价值的，必须加以引导。培养学生参加体育锻炼的兴趣、爱好与习惯，不仅是一种工作般的体育教育过程，而且是一个培养、教育的过程。不仅要在体育课中进行体育教育，而且应课内外结合，校内外配合，共同实现之，人的本性是爱动的。

4. 努力塑造强健的体魄

（1）大学阶段是塑造强健体魄的关键时期。大学生正处在青春期后期和青年期，同化作用和异化作用基本平衡，生长发育日趋稳定，生理机能和适应能力发展到较高水平，是性发育成熟、生命活动最旺盛、身心健康加速发展的关键时期。

（2）认真接受体育教育。高等学校体育教育阶段主要是在教师的指导下，大学生积极主动地学习和掌握体育与运动基本技术、基本技能的过程，是促使大学生获得参与运动实践的本领和掌握身体锻炼的科学方法，这是一个参与运动、掌握技术、发展智力、增强体质的综合过程。

第二章
科学体育健身、运动损伤及预防

第一节 科学体育健身

一、体育锻炼的基本原则

（一）自觉性原则

自觉性原则是指体育锻炼者应有明确的锻炼目的，自觉积极地进行体育锻炼。贯彻自觉性的原则，应注意以下几点。

1. 要做到自觉锻炼，首先必须明确锻炼目的。

学校是培养人才的地方。学生应把自己锻炼成为一个有理想、有道德、有文化、有纪律的人。一个人只有树立起这一远大目标，才能使体育锻炼更具有长久的动力和自觉性。另外，参加体育锻炼更多的是带有直接目的和动机的。

2. 应充分认识体育锻炼的特点和作用。

体育锻炼的内容与形式是多种多样的，每个人都可以选择自己喜爱的运动项目和形式，并有意识地培养锻炼的兴趣。当一个人对体育锻炼产生兴趣之后，他进行锻炼的情绪才是高涨的，感受才是积极的。

3. 要使锻炼更具自觉性，还应经常检验锻炼的效果。

如定期测试一下身体素质、形态，某些生理机能指标和运动成绩等方面的增长、变化及提高情况，也可用饮食、睡眠、精神状态以及学习时的注意力等情况的对比来检验锻炼的效果。这样不仅可以检查锻炼方法是否得当有效，而且还可以看到锻炼的成效，从而使体育锻炼的兴趣与信心进一步增强，自觉性更加提高。

（二）循序渐进原则

循序渐进原则是指体育锻炼的内容、方法和运动负荷等，必须根据人对事物的认识规律、动作技能形成规律和生理机能的负荷规律，由小到大、由易到难、由简到繁、由低级到高级逐步进行。在体育锻炼中，最忌急于求成。因此，进行体育锻炼时，学习动作要由易到难、运动量应由小到大、运动强度（刺激强度）应由弱到强。同时，还应根据年龄、性别、身体素质水平，因人而异地安排练习的内容。

（三）全面性原则

全面性原则是指体育锻炼应全面发展身体的各个部位、器官系统的机能，各种身体素质和活动能力，追求身心和谐发展。体育锻炼，不仅包括不同身体部位的活动，更重要的是应该包括多种项目和不同性质的活动。目前，大学生年龄多处在17~23岁之间，为身体发育逐渐成熟的阶段，具有一定的可塑性。因此，在体育锻炼中贯彻全面性原则尤为重要。

（四）经常性原则

经常性的原则是指体育锻炼必须持之以恒，成为日常生活中的重要内容。运动技术的形成和提高，人体各组织系统机能的改善，是肌肉活动反复多次强化的结果。运动技能的形成，人体结构、机能的改善，身体素质提高，都受着生物界"用进废退"规律的制约。不经常锻炼，已取得的效果即会逐渐消退。"拳不离手，曲不离口"所提示的就是这个道理。

二、体育锻炼的方法

（一）体育锻炼的内容与组织形式

体育锻炼的内容丰富，形式也多种多样。在学校，我们可将内容分为：推行《国家体育锻炼标准》与实施《大学生体育合格标准》；体育竞技（如篮球、排球、足球、乒乓球、羽毛球、网球等）；传统保健体育（如武术、气功等）和娱乐体育（如登山、郊游、棋牌、垂钓等）以及各种健身操、健美、体育舞蹈等。体育锻炼的组织形式有：早操、课间操、课外体育活动和运动竞赛等。

（二）体育锻炼的内容与自我选择

1. 锻炼内容的选择

① 健壮型：肌肉特别发达，肌纤维的线条轮廓非常清晰，身体健康，有较好活动基础者，可根据自己的实际情况和兴趣爱好，在田径、球类、游泳、举重、滑冰、滑雪等项目中选1~2项作为主要锻炼内容。

② 体能型：肌肉比较发达，身高与体重的比例协调、适中，身体健康，有一定的运动基础者，最好选择形式活泼，对增强体质有明显效果的锻炼内容，可仿照"健壮型"，但要科学控制运动负荷。

2. 锻炼内容与负荷量的选择

（1）锻炼内容。

① 健壮型：线条明显，体形优美，身体健康者，主要采用轻器械力量练习、有氧运动及柔韧性练习等综合性的身体练习。

② 瘦长型：肌肉不发达，身体瘦长，体重指标低于正常范围者，主要选择体操、负重练习等，使身体壮实，肌肉丰满，促使身高与体重的比例协调。

③ 肥胖型：体重超过正常标准者，最好选择长跑、长距离游泳、网球、健美等锻炼内容，通过锻炼减肥来使身体变得匀称、结实。

④ 瘦弱（小）型：身体瘦弱（小）或多病及发育不良者，适宜选择慢跑、散步、太极拳等锻炼内容，通过锻炼增强体质，战胜疾病，增进健康。

（2）负荷量的选择。负荷量是否适合将决定锻炼的效果。进行体育锻炼的负荷量，是指人体在生理上承受的负荷程度，其大小取决于运动练习的强度、密度、持续时间和数量。一般情况，每次练习的持续时间至少应达到30min以上，才能收到较为理想的锻炼效果。

（三）常见的运动锻炼方法

（1）健身跑。

① 长跑及慢速度的持续跑锻炼。这种方法是用一种舒服的慢速度跑一段较长的距离，但要比快走快一些。这是有氧代谢的锻炼，各个锻炼水平者都能参加，运动的时间较随意，早晚均可，持续时间一般为20~60min，心率一般应控制在130~150次/min。运动过程中，呼吸应该是轻松的，以没有透不过气来的感觉为好。

② 中等速度的持续跑。此练习法对体质较好者更为适用，练习时间不宜太早、太晚。持续运动20~40min即可，心率应控制在140~160次/min之间，尽管这种练习比慢速长距离跑要快一些，呼吸次数多，但在跑的过程中还是要调整好呼吸方式，以有氧代谢供能为主。

（2）健身步行。步行是一项简便易行，受场地、服装等条件限制较少的健身锻炼方法，我国大学生的学习、生活走步每天在6000~8000步，教职工日常生活走步在5000~8000步，都低于10000步。所以，我们应积极行动起来，首先在意识上重视健身步行，并贯彻实施；其次是科学规划、形成好习惯。

（3）跳绳。跳绳是一项全身运动，跳前要做准备活动，跳完后也要做整理活动。跳绳时用前脚掌着地，不宜穿硬底鞋和皮鞋，并要根据个人的体质状况来定速度，应由慢到快。据测定，以120次/min的速度连续跳5分钟，其运动量不亚于中等速度跑步750米。

第二节　运动损伤及预防

一、常见运动损伤的分类

1. 按受伤形式分类

主要包括肌肉和韧带的撕裂及断裂、挫伤、四肢骨折、颅骨骨折、脊椎骨折、关节脱臼、脑震荡、内脏破裂、冻伤、溺水等。

2. 按受伤组织名称分类

主要包括皮肤损伤、肌肉和肌腱损伤、关节损伤、骨损伤、神经损伤和内脏器官损伤等。

3. 按损伤后皮肤或黏膜的完整性分类

① 开放性损伤。开放性损伤主要指伤口与外界相通，易感染。
② 闭合性损伤。闭合性损伤主要是指没有伤口的损伤。

4. 按损伤轻重程度分类

① 轻度伤。轻度伤指在伤后不影响体育锻炼的损伤。
② 中度伤。中度伤指受伤局部及周围不能正常活动，需停止或减少该部位活动的损伤。
③ 重度伤。重度伤是指需要休息或进行治疗的损伤。

5. 按损伤病程分类

① 急性损伤。急性损伤一般是指在受伤因素作用后立即出现异常症状的损伤。
② 亚急性损伤。亚急性损伤一般是指受伤6小时后出现症状的损伤。
③ 慢性损伤。慢性损伤是急性细微损伤积累成的劳损，或急性损伤迁延不愈而转化成的陈旧性的损伤。

二、预防运动损伤的方法

① 提高安全意识。
② 训练方法要合理。
③ 充分的准备活动。
④ 注意间隔休息。
⑤ 避免身体局部负担过重。
⑥ 加强易伤部位肌肉力量练习。
⑦ 加强保护和自我保护意识。
⑧ 加强医务监督。
⑨ 维修场地和器材。

第三章 体育文化

第一节 体育文化概述

一、体育文化的特性

体育文化作为一种社会现象，同人类社会活动息息相关。体育文化是在人类进化过程中发展的结果。从文化总体的角度看，人的体育活动是在社会提供的一定文化背景、文化环境、文化条件下进行的，归根结底是由物质生产和精神生产来提供物质文化和精神文化两方面的生活资料，而服务于人本身的生存、享受和发展。

体育的历史与人类历史一样悠久，在人类文明的历史长河中，体育文化是一个逐渐发展的过程，是人类文化的重要组成部分。体育工作者从体育哲学、社会学角度开展了广泛的研究，并逐步地由感性认识向理性方面发展，逐渐形成了今天如此灿烂夺目的体育文化。

二、体育文化的功能

1. 促进人的全面发展，为社会培养高素质人才

竞争是竞技体育文化的核心，体育文化的竞争性包含着广泛而深刻地对人类认识能力和创造能力的挑战，体育文化对培养出当今社会人才所需的努力拼搏、不断创新、百折不挠、公平竞争和团结协作的精神品质有着重要的作用，同时体育文化也是促进人的全面发展过程中不可替代的一个重要因素。

2. 丰富人们业余文化生活，促进全民健身运动广泛开展

随着人们生活水平不断提高，人们生活方式也产生了显著变化，在不断满足物质生活的同时，精神生活的要求也随之提高，人们对文化需求日益广泛。体育文化作为人类文化的重要组成部分，为丰富人们业余文化生活具有不可替代的作用。

3. 体现公平竞争原则，表现民族自尊

体育文化是人类社会文化的特殊组成部分，它的兴衰直接反映着社会政治、经济的发展；它的荣辱直接反映着国家、民族的精神，体现民族自尊。人类追求公平竞争，表现民族自尊的精神，在体育运动中得到完美的体现。

4. 促进社会经济的进步和发展

体育文化因社会发展的需要而不断衍生新的功能，体育文化的经济功能就是这样一种新的功能。体育文化经济功能的发挥，不仅推动了体育运动的迅速发展，为社会提供了大量的就业机会，还为社会创造了大量的物质财富。

第二节 体育欣赏

一、赛场行为礼仪

① 准时到场，在比赛开始前就对号入座，以免入座时打扰别人。

② 不要在人群拥挤的入场口逗留或闲聊，进场后应尽快找到座位坐下，不要踩踏座位和高声讲话。

③ 观看比赛时，车辆要按指定地点存放。
④ 如想在入场口附近等候退票，要注意礼节礼貌，不可纠缠他人，不可争论，得到退票应向人道谢。
⑤ 在赛前升国旗、演奏国歌时，即便不是自己国家的，也应面向国旗庄重肃立。
⑥ 在介绍运动员时，应鼓掌表示鼓励。
⑦ 可以为喜欢的运动员欢呼呐喊，但观看到精彩处不要忘乎所以，大叫大嚷。
⑧ 不要辱骂对抗方的运动员。观众与运动员之间、不同支持方的观众之间要互相尊重，不要围攻、辱骂对抗方的支持者。
⑨ 不要嘘、哄、辱骂裁判，尊敬裁判，能容忍裁判出现偶尔的失误。
⑩ 即便处于比赛紧要关头，也尽量不要从座位上跳起来，以免影响身后观众观赛。
⑪ 观赛期间到吸烟区吸烟，尽量不在观赛区饮食。
⑫ 除足球等少数项目外，观众在拍照时应关闭闪光灯，特定时间（如发球或在器械上做动作时）最好不要拍照。
⑬ 比赛开始后手机保持震动或者静音状态，尽量不要接打手机，建议使用短信交流。
⑭ 观赛上厕所时要排队，方便之后自觉冲水。
⑮ 不随地吐痰，不乱扔东西，比赛结束后把垃圾随身带走，不要遗弃在看台上，保持座位整洁。
⑯ 退场时不要推挤，出场后自动离开。
⑰ 不要尾追、堵截运动员或他们的车辆，不要纠缠明星签名、合影。
⑱ 比赛结束后，除特殊情况外，要等场内所有仪式包括颁奖结束之后再离场。

二、观赛常识

① 配合安检。
② 升国旗奏国歌。
③ 控制赛场情绪。
④ 保持安静。
⑤ 防范赛场安全隐患。
⑥ 自觉清理杂物。
⑦ 宽容心态。
⑧ 尊重每一位运动员。
⑨ 避免入场迟到。
⑩ 赛场的行为禁忌。

第二篇 球类运动

第四章 篮球

课程资源
扫码即可观看

第一节　篮球运动概述

一、篮球运动的起源与发展

篮球运动是1891年由美国马萨诸塞州斯普林菲尔德市基督教青年会训练学校体育教师詹姆士·奈史密斯博士为了提高学员们对体育课的兴趣而发明的。最初的篮球比赛规则很简单，对于场地大小、参加人数多少、比赛时间长短都没有统一的规定。1892年奈史密斯制订了第一部13条的原始规则，目的是使篮球游戏在公平对等的条件下进行，同时不允许粗野动作的发生。1915年美国制订了全国统一的篮球竞赛规则，并翻译成多种文字，向全世界发行。1932年，刚诞生的国际篮联以美国大学使用的篮球规则为基础，制订了第一份世界统一的竞赛规则。随着篮球运动的发展，场地设备得到改进和完善，规则也不断地增删和变化。

1932年6月18日在瑞士日内瓦成立了国际业余篮球联合会（简称国际篮联）。1936年第11届奥运会上，男子篮球被列为正式比赛项目。1950年和1953年分别举行了第一届世界男篮和世界女篮锦标赛。1948年起，在许多国家的少年儿童中开始出现小篮球活动，受到国际篮联的重视，于1968年成立了"国际小篮球委员会"。1976年第21届奥运会又增加了女子篮球比赛。

20世纪60年代各国在重视发展高度的同时，加强了高大队员技术和灵活性的训练。20世纪60年代中期，美国迪安·史密斯提出攻守平衡的理论，使世界各国开始重视进攻和防守的均衡发展，特别是防守有了新的发展和突破。防守不再是消极的，在防守的选位上改变了过去"以人为主""以区域为主"的观念，而是"以球为主"，使防守具有集体性、积极性、攻击性和破坏性。

20世纪70年代世界强队的身高增长到惊人的程度，这些高大队员既有高度，又有速度，能里能外，技术全面，充分体现了"大个队员小个化"的特点。快攻成为各队进攻中首先采用的锐利武器。

二、篮球运动与身体健康

篮球运动中不仅仅需要利用身体和技术，还需要运用智慧去思考和判断，因此对于反应能力的锻炼是显而易见的。参与篮球运动在促进骨骼发育的同时还可以促进血液循环，提升心肌收缩能力，由于肌肉的紧张活动，心肌的血液供应和代谢加强，心肌纤维增粗，心壁增厚，心脏体积增大，搏动有力。这一切也是治疗心血管病的良方。

篮球是场上5个人共同奋力拼搏的运动，特别强调团队意识、团结协作。在参与篮球运动的过程中，可以培养顽强拼搏的意志品质和自我心理调节能力，逐步形成健康、开朗、自信等良好心理状态，进而提升个人的沟通能力、交际能力和领导能力。

第二节　篮球运动的基本技术

一、移动

1. 起动

从基本站立姿势开始，向某个方向起动，用这个方向的异侧脚的前脚掌短促有力的蹬地，同时重心快速移动，手臂协调摆动，利用蹬地的反作用力迅速向运动方向迈出。

2. 跑

在做左右变向时，变向前最后一步一脚的脚掌内侧用力蹬地，同时脚尖稍内扣，迅速屈膝，腰部随之转动，上体向转动方向前倾，移重心，转动后前脚迅速迈出。

3. 急停

急停是指在快速运动中突然制动的一种方法，是各种脚步动作衔接和变化的过渡。

（1）跨步急停。空中将球接住，在身体继续前移时，一脚先着地，成为中枢脚。这就是两步节拍中的第一拍。当另一只脚向前移动时，中枢脚稳稳支撑住自己。另一只脚落地，即完成第二拍。双脚平稳着地取得良好的平衡位置，一只脚在前，另一只脚在后。

（2）跳步急停。跑动中用单脚或双脚起跳，使双脚稍有腾空。上体后仰，双脚平行或前后站立，形成进攻基本站立姿势。要求落地轻盈。空中时向任何一方自然侧转，以缓和前冲速度，落地后迅速降低重心，保持身体平衡。

4. 转身

转身是指队员以一脚为中轴脚进行旋转，另一脚向前后跨出，改变原来的身体方向。转身在比赛中运用广泛，经常与其他动作组合运用。

5. 滑步

滑步是在防守时移动的一种主要方法，易于保持身体平衡，可向任何方向移动。

6. 后撤步

撤步时，用前脚掌内侧蹬地，同时腰部用力向后转动，后脚踵地，前脚快速后撤，紧接滑步调整防守位置。

7. 跳

（1）双脚跳。起跳时，两膝弯曲降低重心，两脚用力蹬地，同时提腰摆臂向上跳起，腾空时身体自然舒展控制平衡。落地前脚掌先着地，缓冲后接下一动作。

（2）单脚跳。起跳时，踏跳脚脚跟先着地，迅速过渡到前脚掌用力蹬地，同时提腰提肩，另外一条腿快速屈膝上提，当身体达到最高点时，摆动腿自然伸直与起跳腿合并。落地时两脚分开与肩同宽，注意屈膝缓冲，接下一动作。

二、传接球技术

1. 双手胸前传球

双手持球置于胸腹之间，两肘自然弯曲于体侧，身体成基本站立姿势，两眼平视传球目标，传球时后脚蹬地发力，身体重心前移，两臂前伸，两手腕随之旋内，拇指用力下压，食指、中指用力拨球并将球传出。球出手后两手略外翻。

2. 单手肩上传球

双手持球于胸前，两脚平行开立，右手传球时，左脚向传球方向跨出半步，右手靠左手拨送球的力量将球引至右肩上方，右肩关节引展，大小臂自然弯曲，手腕稍向后屈，持球的后下方，左肩对着传球方向，重心落至右脚上。传球时，右脚蹬地发力的同时转体带动上臂，以肘领先于前臂，手腕前屈，食指、中指、无名指用力拨球将球传出。

3. 单手体侧传球

双脚开立，双手持球于胸前，右手传球时，左脚向左侧前方跨步的同时将球引致身体右侧呈右手单手持球，出球前的一刹那，持球的拇指在上，手心向前，手腕后屈，传球时，前臂向前做弧形摆动，手腕前屈，食指、中指、无名指拨球将球传出。

第三节 篮球运动的基本战术

篮球战术是篮球运动中的宏观概念，是指导已经掌握了篮球基本技术的篮球运动员更好参加比赛的行动指南。

一、篮球的进攻战术

1. 传切配合（图4-1）

传切配合是队员利用传球和切入组成的简单配合。

① 配合方法：⑤传球给④后，立即摆脱对手❺向篮下切入，接④的回传球投篮。

② 配合要点：切入队员要掌握好切入时机，利用好假动作和速度；传球队员注意用假动作吸引牵制对手。

③ 易犯错误：切入时动作的突然性不够；切入时没有明显的动作、方向和速度的变化；持球队员给切入队员的传球不及时、不到位，隐蔽性不强。

图4-1

2. 突分配合（图4-2）

突分配合是持球队员在突破过程中受到防守队员阻截时，及时将球传给无人防守或已摆脱防守的同伴为同伴创造进攻机会的配合方法。

① 配合方法：⑤从防守者的左侧突破，④协防，封堵❺向篮下突破的路线，此时④及时跑到有利的进攻位置，接⑤的球投篮。

② 配合要点：突破动作快速突然，既要做好投篮的准备，也要随时准备分球。

③ 易犯错误：突破时只看球篮没有随时观察场上攻守队员的位置与行动，分球不及时。配合队员选位摆脱时间、位置与距离不当。

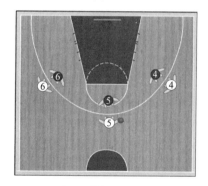

图4-2

3. 掩护配合（图4-3）

掩护配合是进攻队员选择正确的位置，用自己的身体以合理的技术动作挡住同伴防守队员的移动路线，使同伴借以摆脱防守，获得进攻机会的配合方法。

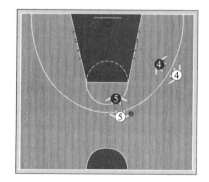

图4-3

① 配合方法：⑤传球给④后跑到④的侧面做掩护，④接球后做投篮或突破的动作，吸引❹，当⑤到达掩护位置时，④持球从④的右侧突破投篮。⑤掩护后及时移动到有利的位置去接球或抢篮板球。

② 配合要点：掩护队员的行动要隐蔽快速；被掩护队员要注意用假动作吸引对手，当同伴到达掩护位置时，摆脱对手动作要突然、快速。

③ 易犯错误：掩护的位置、距离及掩护动作不合理。掩护者没有隐蔽自己的行动意图，被掩护者没有运用假动作吸引防守者。掩护队员做掩护后没有及时转身护送或参与配合进攻。

4. 策应配合（图4-4）

策应配合是进攻队员背对或侧对球篮接球后，以他作为枢纽，配合同伴的切入或掩护，形成的一种里应外合的配合方法。

① 配合方法：④摆脱防守插到罚球线做策应，⑤将球传给④并立即空切篮下，接④的策应传球投篮。

② 配合要点：策应者要及时抢位，传球人要及时地将球传到策应者远离防守的一侧。

③ 易犯错误：策应队员摆脱抢位不及时、不主动；策应队员接球后重心太高；策应队员没有随时注意观察场上情况，不能及时地将球传给获得有利进攻机会的同伴或自己寻找机会进攻；策应配合时的位置、距离不适宜。

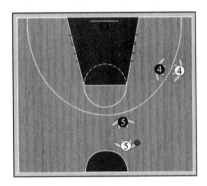

图4-4

5. 运球突破快攻（图4-5）

防守队员获得球后，在不能快速传球时，采用运球突破（改变方向和位置），这种快攻特点是发动和接应融为一体，常常难以堵截，能发挥个人攻击的积极性和主动性。但推进速度较慢。

① 配合方法：⑤抢到篮板球后，传球给插中接应的⑥，⑥快速运球从中间突破，⑦⑧沿边快下，④⑤跟进，⑥传球给机会较好的⑦或⑧上篮。

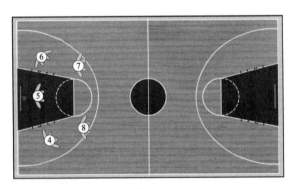

图4-5

② 配合要点：快攻的发动和接应意识一定要强，积极主动，获球后要先远后近，传好一传；在快攻中要以传球推进为主结合运球突破、加快进攻速度；结束部分要敢打，以个人攻击为主吸引防守。

③ 易犯错误：获得球后，快速进攻意识不强，行动迟缓；获得球的队员没有及时观察场上情况，不能尽快完成快攻第一传；快攻推进过程中没有保持纵深队形；快攻推进过程中，盲目运球；快攻结束阶段同伴投篮后，没有跟进队员。

二、篮球的防守战术

1. 球在正面时全队防守方法（图4-6和图4-7）

球在左后卫⑧手中时全队防守的方法，⑧持球时❽紧逼；⑦、④错位防守，不让❼、❹接球。⑦、④向⑧靠近，准备"关门"协防；防止⑧向中路突破，⑤绕侧或绕前防❺；⑥远离❻靠近篮下，补防限制区。

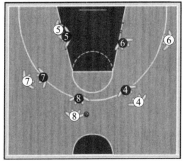

图4-6

图4-7

球在右后卫④手中时全队防守的方法，④持球❹紧逼；⑥⑧错位防守不让❻❽接球；⑦⑤远离自己的对手补防限制区。

防守基本要求：由攻转守时，每个队员都要快速退回自己的后场，找到对手，组成集体防守。根据对手、球、球篮，选择有利位置，有球紧，无球松；近球紧，远球松；积极移动，控制对手。要做到球、人、区兼顾，与同伴协同防守，破坏对方进攻配合，加强防守的集体性。

2. 球在侧面时全队防守方法（图4-8和图4-9）

球在左前锋⑦手中时全队防守的方法，⑦持球时，❼紧逼；⑤侧前站立，防止❺接球；⑧向❼靠近，"关门"协防；⑥④收缩防守，防止高吊球或背向插入。

球在右前锋⑥手中时全队防守的方法，⑥持球❻紧逼；④向❻靠近，"关门"协防；

图4-8

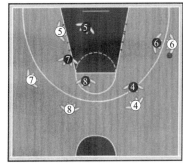

图4-9

⑤、⑦⑧收缩防守并补防限制区。

防守基本要求：由攻转守时，每个队员都要快速退回自己的后场，找到对手，组成集体防守。根据对手、球、球篮，选择有利位置，有球紧，无球松；近球紧，远球松；积极移动，控制对手。要做到球、人、区兼顾，与同伴协同防守，破坏对方进攻配合，加强防守的集体性。

3. 全场紧逼人盯人防守

全场紧逼人盯人防守战术是由攻转守时，防守队员在全场范围内各自紧逼自己对手的一种攻击性较强的防守战术，它要求防守队员在全场始终紧逼自己的对手，积极阻挠对手，破坏对方集体配合造成对方打法紊乱，为本队争得比赛的主动。

防守基本要求：由攻转入守时，全队思想、行动要一致，要以压倒的声势，要迅速找人，紧逼各自的对手在全场范围积极展开防守；每个队员要抢占有利的位置，紧逼自己的对手，人球兼顾，积极阻挠对手移动、接球、运球、投篮等进攻行动，严密控制，使对手被动或造成失误、违例。全队要相互呼应，前后、左右照应，充分利用堵截、夹击、换防、补防等配合，及时破坏对方的进攻配合，要近球紧逼，远球稍松。

第五章 足球

课程资源
扫码即可观看

第一节 足球运动概述

一、现代足球的起源与发展

现代足球始于英国。1863年10月英格兰成立了世界上第一家足球协会,并统一了足球运动的竞赛规则,足球运动逐步从欧美传入世界各国,尤其是在一些文化发达的国家更为盛行。越来越多的人走向球场,投身到这一富有刺激性和畅快感的运动中去,以至于一度将足球运动开展得好坏作为衡量一个国家文化发达与否的标志。

1896年,第一届现代奥运会在希腊举行时,足球就列为正式比赛项目,丹麦以9∶0大胜希腊,成为奥运会第一个足球冠军。因为奥运会不允许职业运动员参加,到了1928年(第九届奥运会)足球比赛已无法持续。1928年奥运会结束后,国际足联召开代表会议,一致通过决议,举办四年一次的世界足球锦标赛。这对于世界足球运动的进一步发展和提高起到了积极的推动作用。最初这个新的足球大赛称为"世界足球锦标赛"。1956年,国际足联在卢森堡召开的会议上,决定易名为"雷米特杯赛"。这是为表彰前国际足联主席法国人雷米特为足球运动所作出的成就。雷米特担任国际足联主席33年(1921~1954年),是世界足球锦标赛的发起者和组织者。后来,有人建议将两个名字连起来,称为"世界足球锦标赛-雷米特杯"。于是,在赫尔辛基会议上决定更名为"世界足球锦标赛-雷米特杯",简称"世界杯"。

1904年5月21日,国际足球协会联合会(简称国际足联,英文缩写为FIFA)在法国巴黎圣奥诺雷街229号法国体育运动,协会联盟驻地的后楼正式成立,法国等7个国家的代表和代理人在有关文件上签了字。1904年5月23日,国际足联召开了第1届全体代表大会,法国的罗伯特·盖林被推选为第一任主席。1905年4月14日,英格兰足协加入国际足球联合会。国际足球联合会的创建,标志着足球作为一项世界性的体育运动项目登上了世界体坛。国际足联是世界足球运动的最高权力机构,总部设在瑞士苏黎世希茨希11号国际足联大厦。国际足联的宗旨是促进国际足球运动的发展,发展各足球协会之间的友好联系。国际足联的最高权力机构是代表大会,每两年举行一次。

二、足球运动的主要赛事

1. 世界杯

世界上最受欢迎的体育赛事之一。1930年,首届世界杯足球锦标赛在乌拉圭举行,以后每隔4年举办一次。

2. 欧洲国家杯

有小世界杯之称,世界最著名的足球赛事之一,该杯赛从1960年开始,每四年举行一次,从第六届开始,即1979年改用新赛制,决赛阶段赛集中在某国举行,东道主无须打预赛,直接进入决赛圈。在欧洲有着非常巨大的影响,也是推动欧洲足球运动发展的一个重要赛事。

3. 其他重大赛事

英格兰超级足球联赛(英超)、意大利足球甲级联赛(意甲)、西班牙足球甲级联赛(西甲)、德国足球甲级联赛(德甲)、法国足球甲级联赛(法甲)——欧洲著名的足球五大联赛、各大联赛内部的足球俱乐部云集世界优秀的足球运动员、教练，组成技术水平较高的球队进行比赛。英超打法讲求整体快速推进，意甲注重攻守平衡，西甲喜欢打进攻足球，而德甲则更喜欢防守为先，法甲比其余四大联赛的技术水平要略低一线。

当今世界的足球运动发展迅速，除以上重要赛事外，还有众多的联赛（如荷甲、比甲、瑞甲、芬超、葡超、日本J联赛、美国职业大联盟等）和众多的杯赛（如美洲杯、南美解放者杯、亚洲杯、非洲杯、奥运锦标赛、世界青年锦标赛、女足世界杯等）。

三、足球运动与身体健康

在足球运动中，传球、射门、运球等都不同程度地促进了人体的新陈代谢，优化了人体骨骼的形态结构，骨小梁的排列根据压力和拉力不同更加整齐而有规律，骨表面肌肉附着的突起更加明显，从而提高骨的抗折、抗弯、抗压缩和抗扭转等功能。

足球是一项团队运动，正因为此也是构建心理健康的一种重要手段。踢足球随时都需要队友的配合，在参与足球运动时，可以深刻感悟到团结协作的重要性。参与足球运动时动作和反应都要快，要能根据变化的形势迅速地改变动作和运动方向，掌握时机，因此，在复杂而多变的比赛中，参与者思维会更敏捷，判断会更准确，视野会更开阔，意志品质会更顽强。

第二节　足球运动的基本技术

一、颠球

1. 脚尖拉挑球

用脚的前脚掌往后拉球，然后用脚尖将球挑起来，其具体动作是：一只脚站在地上作为支撑脚，另一只脚的前脚掌踏在球上，先轻轻用力将球往后拉，待球向后滚动时，踏球的脚迅速插到球的下方，脚掌着地，当球滚上脚背时，脚尖稍翘起，用力向上将球挑起（图5-1）。

2. 脚背正面颠球

当球落至膝关节以下时，用一只脚的脚背正面（系鞋带的前半部位）击在球的底部，将球向上颠起（图5-2）。

3. 脚内侧颠球

用脚弓部位连续接触球。这种颠球方法与民间"踢毽子"的方法相似。其动作方法是：当球落至膝关节高度时，用一只脚的脚弓部位轻击球的底部，将球向上颠起（图5-3）。

图5-1

图5-2

图5-3

4. 脚外侧颠球

支撑脚的膝关节微屈,上体向支撑脚一侧稍倾斜,重心落在支撑脚上。当球下落至膝关节稍下时,颠球腿屈膝,小腿向上向外摆起,脚腕向外翻,使脚外侧向上,几乎成水平状态,用脚外侧轻击球的下中部,将球向上颠起(图5-4)。

5. 大腿颠球

用大腿的前关节高度时,颠球腿的大腿屈膝上摆,当大腿摆到成水平状态时击球,下上颠起(图5-5)。

图5-4

图5-5

6. 头颠球

两腿左右分开或前后分开,膝关节微屈,两臂屈肘自然张开,头微微向上抬起,两眼注视球。当球下落至前额正面高度时,两腿微微蹬地、伸膝,颈部轻轻向上用力,用前额正面击球下中部,将球向上颠起(图5-6)。

图5-6

7. 肩部颠球

两脚自然左右分开，两臂自然下垂或微屈肘，头微微向上抬起，两眼注视球。当球下落至接近颠球一侧肩部高度时，肩部上耸，击球下中部，将球向上颠起（图5-7）。

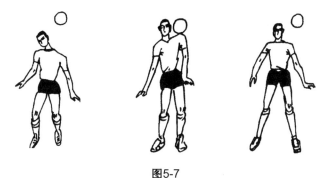

图5-7

二、踢球

在众多的踢球技术动作中，最容易学会、也是最常用的踢球方法就是脚内侧踢球，俗称脚弓踢球（图5-8）。脚内侧踢球，就是用从脚尖开始到脚后跟为止的内侧部位（包括脚弓）踢球。这种踢球方法由于脚与球的接触面大，容易踢得准，也容易学会。同时由于踢球时摆动幅度小，踢球力量不大，因此常用于作短距离传球（图5-9）。

图5-8　　　　　　　　图5-9

脚内侧踢球采用直线助跑，支撑脚稍屈膝站在球侧，踢球腿由后向前摆动，接近球时用脚弓部位对准球的后中部击出，球就沿着地面向前滚动，人随着踢球时的运动惯性，自然地向前走几步。这里需要提醒的是：要想使脚弓对准球，就必须把脚横过来，使脚成横的"一"字形。脚腕（踝关节）要用力，这样击球才有力量，同时也不会使脚腕受伤（图5-10）。

图5-10

三、过顶球

在比赛中经常会看到进攻队员想传球给同伴，但中间有一名防守队员在阻拦，于是他就将球踢过防守者的头顶，从空中越过中间的障碍，把球传给同伴。

脚背内侧踢球，是用大脚趾及第二脚趾以上的脚背内侧部位击球（图5-11）。踢球时采用斜线助跑，助跑方向与出球方向大约成45°角。助跑的最后一步稍大一些，支撑脚稍屈膝站在球的侧后方，脚尖指向出球方向。支撑脚着地的同时，踢球腿由后向前摆动，当快接近球时，小腿突然加速摆动，脚背绷直，以脚背内侧部位击球。击球后，人随着踢球时的运

图5-11

动惯性，继续向前走几步。脚背绷直就是脚趾用力向下扣紧，脚背自然就绷直了。击球的部位，可随踢球者的需要而决定，以踢定位球为例：如想踢出地滚球，就击球的后中部，踢球腿向前摆动；如想踢过顶球，则击球的后下部，踢球腿向前上方摆动；如想踢会拐弯（旋转）的球，则击在球的后侧部，也就是用脚背内侧去"削球"，摆动腿向侧前方摆动。这种加旋转力量的踢法，常用于主罚任意球射门或踢角球及传球绕过防守队员，能收到出其不意的效果（图5-12）。

图5-12

四、脚部接（停）球

1. 接（停）地滚球

根据来球的路线，选择好接球的位置，并及时移动到位。支撑脚正对来球，膝关节微屈，接球脚稍提起（低于球的高度）并屈膝，脚内侧对准来球，当脚与球接触前的一刹那，接球脚往后撤，在后撤过程中触球。这样可以缓冲来球的力量，

图5-13

稳稳地把球接住。接球脚后撤的速度，要根据来球的速度而定，来球速度快，接球脚后撤的速度相应也要加快，并且后撤的幅度要加大，这样才能有效地化解来球的力量（图5-13）。

2. 脚内侧接（停）空中球

动作方法基本与接地滚球的方法相同，不同的是：接球脚提起的高度要视来球的高度而定，脚弓对准来球，在接球前，接球脚要向前伸出去迎球，当脚接触球前的一刹那，随球的运行路线后撤，在后撤过程中触球，将球接住。

3. 脚内侧接（停）反弹球

方法与前两种接球方法稍有不同。首先要判断好来球的落点，支撑脚踏在落点的侧前方，稍屈膝，上体稍前倾并向停球方向微转，接球脚提起，用脚内侧对准球的反弹路线。然后当球落地刚反弹时，用脚内侧挡压球的中上部（图5-14）。

图5-14

五、胸部接（停）球

1. 挺胸式接（停）球

一般用于接高于胸部的来球。其动作方法是：根据来球的运行路线，选择好接球位置，并及时移动到位。面对来球，两脚前后（或左右）站立，两臂屈肘自然张开，将胸部打开。两腿微屈，两眼注视来球。当球从空中下落与胸部接触前的一刹那，上体后仰，两脚蹬地，膝关节伸直，上体上挺，用胸部触球，使球微微向上弹起。触球时不能抬头，否则球会弹到下颌（图5-15）。

图5-15

图5-16

2. 收胸式接（停）球

一般用于接齐胸或略低于胸部的平直球。其动作方法的选位、移动、站立与挺胸式相同，不同的是：当球运行到快接近胸部时，先挺胸迎球，在胸部与球接触前的一刹那，身体重心迅速向后移，同时收胸收腹。在收胸、收腹、重心向后移的过程中触球，以缓冲来球的力量，将球接住（图5-16）。

在运用胸部接球方法时，要根据来球的不同路线及高度，选用合适的接球方法，并运用胸部与球接触前的身体转动，将球接在下一个动作所需的置上。如需要把球接在身体的右侧时，则在胸部触球前的一刹那，身体迅速向右转体同时用胸部触球，使球落在身体的右侧（图5-17）。

图5-17

六、运球

1. 脚背正面运球

适用于直线运球，大多在前方有较大的纵深距离，又无对手防守，需在快速运球的情况下运用。其动作方法是：运球跑动时，身体自然放松，上体稍前倾，两臂自然摆动，步幅不宜过大。运球脚提起，膝关节稍屈，脚跟提起，脚尖向下，在迈步向前着地前用脚背正面推球的后中部（图5-18）。

图5-18

2. 脚背内侧运球

适用于变方向运球,大多在向里(即向支撑脚一侧方向)改变方向时,并需要用身体掩护球的情况下运用。其动作的要点是:身体稍向运球方向侧转,重心在支撑脚上,运球脚膝关节微屈,脚跟提起,脚尖稍外转(用大脚趾对准球),在迈步向前着地前用脚背内侧推、拨球前进(图5-19)。

图5-19

3. 脚背外侧运球

由于这种运球方法既能充分发挥跑动快的优势,又能利用身体掩护球,还能运用脚腕的灵活性,随时改变运球方向,因此在实战中被普遍采用。其动作方法是:运球跑动时身体自然放松,上体稍前倾,两臂屈肘自然摆动,步幅不宜太大。运球脚提起,膝关节微屈,脚跟提起,脚背绷紧,脚尖稍内转。在迈步向前着地前,用脚背外侧推、拨球前进(图5-20)。

图5-20

4. 脚内侧运球

这种运球方法是众多运球技术中速度最慢的一种。但由于在运球过程中,用身体将防守者与球隔开,使防守者不易抢到球,因此是一种比较安全的运球方法。一般在进攻受阻,需重新寻找突破方向或传球对象时使用。其动作方法是:运球跑动时,支撑脚踏在球的侧前方,膝关节微屈,上体稍前倾并向有球的一方扭转(这样有利于用身体掩护球),运球脚提起屈膝,用脚内侧推球前进(图5-21)。

图5-21

第三节　足球运动的基本战术

一、比赛阵型

比赛阵型是指比赛场上队员的位置分布，是攻守力量搭配和职责分工的形式。比赛阵型要根据本队特点和参赛队的特点来选择。现代足球的特点是采用"全攻全守"型打法，常用阵型有4-3-3、4-4-2及5-3-2、3-5-2、4-2-4等。

二、进攻战术

1. 个人进攻战术

即每个参赛队员在场上运用个人技术进行跑位、传球、运球突破、协同进攻等技术的总称，是足球比赛的基础。

2. 局部进攻战术

比赛中二人或三人有组织地进行配合进攻。

3. 全队进攻战术

（1）边路进攻。在对方半场两侧地区发动的进攻称边路进攻。由于边线地区防守人数少，区间大，因此从该区进攻容易奏效。边路进攻主要由个人突破，中锋、前卫、边卫也可起到边锋作用，最后阶段将球传向中区，由中锋包抄射门。

（2）中路进攻。在对方半场中间地带发动的进攻为中路进攻。中路进攻能直接威胁守方球门，因此守方必须层层布防，这就要求进攻队员必须积极策应、跑位，以打乱对方的布局。中路进攻通常通过中锋的切入与插上的前卫之间的配合或个人运球突破等，渗透到有效射门区域进行射门。

三、防守战术

1. 选位与盯人

防守队员选择的位置，原则上是站在对手与本方球门中心所构成的直线上，与对手的距离要根据场区以及球所处的位置来决定。要盯紧有球对手和逼近球门的无球对手，针对对方的主要得分手，要实行紧逼盯人防守，同队其他队员则应注意选位与保护。

2. 保护与补位

是局部地区集体防守的基础，保护是补位的前提，没有保护也不可能有效地补位，防守队员补同伴在防守中出现的漏洞称为补位，是防守队员之间互相协助的集体防守战术。

3. 全局防守战术

全局防守战术包括盯人防守、区域防守和混合防守三种。

第六章 排球

课程资源
扫码即可观看

第一节 排球运动概述

一、排球运动的起源与发展

排球运动1895年起源于美国，由美国马萨诸塞州霍利沃克城的基督教青年会干事威廉·摩根（W.G.Morgan）首创，1964年被列为奥运会项目。

排球运动诞生之初，是作为一种娱乐性较强的游戏被人们所接受的。人们隔网拍打，追击嬉戏，以不使球落地为乐趣。最初的排球技术简单而粗糙，仅仅是以手拍击球而已。打法也只是争取一次击球过网，如果一次击不过去，才有同伴的再击球。人们在实践中逐渐体会到，一次击球过网不一定是最佳方式，有时从前网近网处甚至跳起击球过网，反而能够创造更好的获胜机会。于是出现了多次击球的打法，以寻找最佳时机和为技术更好的同伴创造得分机会，集体配合战术萌发。

第二次世界大战后的1946年8月26日，法国、捷克斯洛伐克、波兰3国排球的代表在布拉格召开会议，倡议成立国际排球联合会。1947年4月间，国际排联在巴黎正式召开成立大会。会议制订了国际排联宪章；选举了法国的保尔黎伯为第一任主席；指定巴黎为总部所在地，英语和法语为联合会工作语言；成立了技术委员会、竞赛委员会和裁判委员会，并正式出版通用国际排球竞赛规则。同时会议决定于1948年在罗马举行欧洲男子排球锦标赛，1949年在布拉格举行世界男排锦标赛。国际排联的成立标志着排球运动从娱乐游戏时代进入了竞技时代。其后，国际排联出色地领导和组织了一系列的世界大赛。这些比赛已经形成传统，每2年或4年举行1次，延续至今。

二、国际和国内排球比赛

1. 世界排球大赛

① 世界锦标赛：世界上最早的，且规模最大的排球比赛。

② 世界杯赛：原为欧、亚、美三大洲的排球赛，1984年经国际排联批准扩大为世界性比赛。

③ 奥运会排球赛、奥运会沙滩排球赛、残奥会坐式排球赛：1964年在日本东京举行的第18届奥运会上，排球比赛被正式列为奥运会比赛项目。沙滩排球于1996年亚特兰大第26届奥运会上被列为正式比赛项目，1980年莫斯科举行的第六届残奥会，男子坐式排球第一次作为正式比赛项目；2004年在雅典举行的第12届残奥会，首次将女子坐式排球列为正式比赛项目。

④ 世界青年锦标赛：始于1977年，最初每4年一次，以后改为每两年举行一次，参赛队员年龄不超过20岁。

⑤ 世界少年锦标赛：始于1989年，第1届少年男排锦标赛在阿联酋、女排在巴西举行，以后每两年举行一次，参赛队员年龄不得超过18岁。

⑥ 世界沙滩排球锦标（巡回）赛：始于1989年，最初称为沙滩排球大奖赛，首届比赛分别在巴西、意大利、日本和美国分4站进行，1997年改为世界沙滩排球锦标（巡回）赛，每年举行一次。

⑦ 世界男排联赛和世界女排大奖赛：世界男排联赛始于1990年，每年举行一次，采用主客场制。世界女排大奖赛始于1998年，每年举行一次，采用巡回赛的方法进行。

2. 国内大型排球比赛

① 全国运动会排球赛：全运会是检阅各省、市体育运动水平的综合运动会，4年举行一次。

② 全国城市运动会排球赛：城运会是检阅各省、市体育运动后备人才的盛会。4年举行一次。

③ 全国排球联赛：1996年后采用主客场赛制。

④ 全国排球优胜赛是检阅各省、市高等院校体育技能水平的盛宴。

三、排球运动与身体健康

参与排球运动可以锻炼身体的灵活性，因为在排球运动中经常要有弹跳扣球的动作，所以对于大腿以及腰腹部的肌肉有比较好的塑形作用，可以有效减少腿部、腰腹部位的赘肉。打排球时经常需要使用手臂进行接球、垫球，无形中对手臂上的三阳经与三阴经等经络进行了拍打和刺激，达到运动中保健的作用。

第二节 排球运动的基本技术

一、准备姿势

运动员在起动、移动和击球前所采用的合理的身体姿势，称为准备姿势。合理的准备姿势是指既要使身体重心处于相对稳定的状态，又要便于移动和完成多项击球动作，为迅速起动、快速移动及击球创造最好的条件。依据比赛中（或练习中）完成各项技术动作的需要，按照身体重心的高低，准备姿势可分为一般准备姿势，后排防守准备姿势和前排保护准备姿势三种。

1. 一般准备姿势

两脚左右开立与肩同宽，一脚在前，两膝微屈，身体重心位于两脚之间，并稍靠近前脚，后脚跟稍提起，上体稍前倾，两臂放松，自然弯曲置于腹前。两眼注视球并兼顾场上各种情况，两脚保持微动状态。

2. 后排防守准备姿势

两脚开立略比肩宽，两膝弯曲，脚跟自然提起，上体前倾，重心靠前，膝部的垂直线应在脚尖前面，两臂放松，自然弯曲置于腹前，两眼平视，注意来球，两脚始终保持微动。

3. 前排保护准备姿势

身体重心比后排保护准备姿势更低更靠前，两脚左右、前后的距离更宽一些，膝部弯曲的程度大于后排保护准备姿势，身体重心要更靠前，肩部垂直线过膝，膝部垂直线超过脚尖，两手臂置于胸腹之间。

二、移动步法

① 并步。两脚前后站立与肩同宽，两膝微曲，上体稍前倾，两手自然方松置于腰腹。并步时，前脚向来球方向跨出一步，后脚迅速蹬地跟上，并做好击球前的姿势。并步的特点是容易保持身体平衡，便于做击球动作。并步可向前、后、左、右各方向移动。

② 滑步。连续并步就是滑步。

③ 交叉步。两脚左右开立。向右侧交叉步移动时上体稍向右转，左脚从右脚前向右交叉迈出一步，然后右脚再向右侧方向跨出一大步，同时重心移至右脚，身体转向来球方向，保持击球前的准备姿势。交叉步的特点是步子大，动作快，便于制动。

④ 跨步。跨步前膝部弯曲，上体前倾，身体重心移至跨出脚上。跨步时，一腿用力蹬地，另一腿向来球方向跨出一大步，后腿随重心前移自然跟上，两臂做好迎球动作。跨步的特点是，跨距大，便于向前、斜前方降低重心进行低点击球。

三、传球技术动作分析

1. 正面传球

面对目标的传球称正面传球，是传球中最基本的方法，是掌握和运用其他各种传球技术的基础。采用一般准备姿势，上体稍挺起，仰头看球，两手自然抬起，屈肘，放松置于额前。当来球接近额前时，开始蹬地、伸膝、伸臂，手指微张从脸前向前上方迎出。全身各部位动作应协调一致。初学传球时，击球点尽量要求在前额的正前上方约一球距离处。手触球时，十指应自然张开使两手成半球状，手腕稍后仰，以拇指内侧、食指全部、中指的二、三指节触球的后下部，无名指和小指在球两侧辅助控制球的方向。两拇指相对近"一"字形（图6-1）。

图6-1

2. 背向传球

背对传球目标的传球称背向传球。背向传球是传球技术中的一种基本方法，在比赛中运用较多。上体比正面传球时稍后仰，双手自然抬起置于脸前。抬上臂、挺胸、上体后屈。背传时，下肢蹬地的方向接近与地面垂直，通过展体、挺胸、抬头的动作，使抬臂、伸肘、送肩的协调用力方向偏向后上方。因此，背传的击球点应保持在头上方，这样更便于向后上方用力。手形与正面传球相同，但触球时手腕要稍后仰，掌心向上，拇指托在球下，击球的下部。

四、垫球和挡球

1. 垫球

垫球是接发球、接扣球以及后排防守的主要技术动作，是组织反攻战术的基础。垫球时两手掌根相靠，两手手指重叠，手掌互握，两拇指平行向前，手腕下压，两前臂外翻成一个平面，即叠指式。常用的双手垫球手形还有抱拳式和互靠式。垫球的动作要领是两臂前伸插球下，两臂夹紧腕下压；蹬地跟腰前臂垫，击球点尽量在腹前；撤臂缓冲接重球，轻球主动抬送臂（图6-2）。

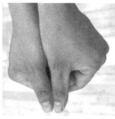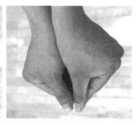

图6-2

2. 挡球

来球高，速度快，力量大，不便于传球和垫球时，用双手或单手在胸部以上挡击来球称为挡球。其特点是伸手动作快，挡击胸、肩部以上高度的来球较方便，可扩大防守范围，是垫球的重要补充。但挡球不便于协调用力，因而控制球的落点和方向比传、垫球差。挡球有双手挡球和单手挡球两种。挡球手型可分为抱拳式和并掌式两种。抱拳式是由两肘弯曲，一手半握拳，另一手外抱，两手掌外侧所组成的平面朝前；并掌式是由两肘弯曲，两手虎口交叉，两手掌外侧合并成勺形的击球面朝前（图6-3）。

图6-3

五、发球

1. 正面上手发球

正面上手发球是指发球队员面对球网站立，利用收腹转体动作带动手臂加速挥动，在头的右前上方用全手掌击球过网的发球方法。这种发球击球点高，可以充分利用胸腹和上肢的爆发力，加之运用手掌的推压动作使球呈上旋飞行，不易出界，因此它具有较大的攻击性和准确性。

2. 正面下手发球

正面下手发球是指发球队员面对球网，手臂由后下方向前摆动，在体前腹部高度击球过网。其特点是动作简单，容易掌握，准确性大。但由于击球点低，球速慢，攻击性不强。这种发球方法，在比赛中已很少采用，适合初学者，进行接发球练习和教学比赛。

六、正面扣球

正面扣球是扣球技术中最基本的一种。由于面对球网，便于观察，准确性较高，加之正面扣球挥臂动作灵活，能根据对方防守情况，随时改变扣球的路线和力量，控制落点。初学者必须掌握好正面扣一般球后，再学习其他扣球技术。

① 准备姿势：站在离网3m左右处，两脚自然开立，两膝微屈，上体稍前倾，两臂自然下垂，观察二传来球，随时准备向各个方向助跑起跳。

② 助跑：助跑是为了获得一定的水平速度，增加弹跳高度，并且选择适当的起跳点。助跑的时机、方向、步法、速度、节奏是根据来球的方向、速度和弧线来决定的。因此，要全面熟练掌握一步、两步、三步及多步助跑的步法。以两步助跑为例：助跑时，左脚先向前迈出一步，接着右脚再迅速跨出一大步，左脚及时并上，落在右脚侧前方，两脚尖稍内收准备起跳。助跑的第一步要小，目的是对正上步的方向，使身体获得向前的水平速度，第二步要大，目的是接近球和提高助跑的速度，右脚落地支撑点在身体重心之前，有利于制动。

③ 起跳：在助跑跨出最后一步的同时，两臂绕体侧向后引，左脚在落地制动的过程中，两臂自后积极向前摆动，随着双腿蹬地向上起跳，两臂配合起跳用力上摆。

④ 空中击球：起跳后，挺胸展腹，上体稍向右转，右臂向后上方抬起，身体成反弓形。挥臂时，以迅速转体、收腹动作发力，借此带动肩、肘、腕各部位关节成鞭甩动作向前上方挥动。击球时，五指微张成勺形并保持紧张，用全手掌包满球，以掌心为击球中心，击球的后中

部，同时主动用力屈腕屈指向前推压，使扣出的球加速上旋。击球点在起跳和手臂伸直最高点的前上方。

⑤ 落地：空中完成击球动作后，身体自然下落，为了避免腿部负担过重，应双脚的前脚掌先着地，同时顺势屈膝，缓冲身体下落的力量。

七、拦网

1. 单人拦网

队员面对球网，两脚左右开立，约与肩同宽，距网30～40cm，两膝微屈，两臂屈肘置于胸前。常用的步法有一步、并步、交叉步、跑步等。无论采用哪种移动步法，都要做好制动动作，以保证向上起跳，避免触网和冲撞同队队员。拦网的移动方向主要是两侧和斜前方。移动时采用的步法可归纳为："前一步、近并步、中交叉、远跑步"。

2. 双人拦网

由前排两个队员互相靠近，同时起跳组成拦网。双人拦网时，应以一人为主拦队员，另一人为配合队员。两队员之间距离太远，跳起后将出现"空门"；距离太近，起跳时互相干扰，致使双方都跳不高。双人拦网起跳时，两人的手臂应该在体前划小弧向上摆伸，都要尽量垂直向上起跳，要防止互相碰撞或干扰。手臂在空中既不能重叠，造成拦击面缩小，又不能间隔太宽，造成中间漏球。

3. 拦网动作

拦网击球时，两臂应尽量伸直，两肩尽量上提，前臂要靠近球网，两手间距离应小于球体的直径，以防止漏球。起跳时，两手从额前沿球网向上方伸出，两臂伸直并保持平行，两肩上提。拦球后，要做含胸动作，以保持身体平衡。手臂要先后摆或上提，从网上收回至本方上空，再屈肘向下收臂，以免触网。与此同时屈膝缓冲，双脚落地，随即转身面向后场，准备接应来球或做下一个动作准备（图6-4）。

图6-4

第三节　排球运动的基本战术

一、阵容配备

阵容配备是参赛队根据比赛的任务、本队战术组织的特点及队员的身体情况，有针对性地、合理地安排出场队员及位置分工，充分地调配力量，科学地组合人员的筹划过程。目的在于把全队的力量有效地组织起来，扬长避短，最大限度地发挥每一个队员的作用和特长。阵容配备遵循"择优、攻守均衡、相邻默契、轮次针对、优势领先"原则。阵容配备的形式如下。

1. "四二"配备

由4名进攻队员（两名主攻队员与两名副攻队员）和2名二传队员组成，他们分别站在对角的位置上。这样每个轮次前后排都能保持有一名二传队员，两个进攻队员，便于组织和发挥本队的攻击力量。目前在水平一般的球队中，采用这种配备形式的较多。

2. "五一"配备

由5名进攻队员和1名二传队员组成。队员位置的站位与"四二"配备基本相同。只是一名二传队员作为接应二传主要承担进攻任务。这样可以加强拦网和进攻力量。接应二传也可弥补主要二传队员有时来不及传球所出现的被动局面，但主要还是承担进攻任务。目前在水平较高的队中普遍采用这种配备形式。当二传轮转到后排时，可采用插上进攻形式，组织前排进行三点进攻。

二、交换位置

1. 前排队员之间的换位

为了便于组织进攻战术，把二传队员换到2号位或3号位。为了加强进攻力量，把进攻力量强的队员换到便于扣球的位置上，如右手扣球队员换到4号位，扣快球的队员换到3号位，左手扣球队员换到2号位等。为了加强拦网，抑制对方的重点进攻，把身材高大或弹跳力好及拦网能力强的队员换到3号位，或与对方主攻队员相对应的位置上。

2. 后排队员之间的换位

为了发挥个人特长，后排队员各自换到自己熟悉的防守区进行专位防守。为了在比赛中便于运用行进间"插上"战术，把二传队员换到1号位或6号位，以缩短插上时的距离。根据临场情况，把防守能力强的队员换到防守任务较重的区域，把防守能力弱的队员换到防守任务较轻的区域。

3. 前、后排队员之间的换位

后排的二传队员插上时，可将1号、6号、5号位插上到2号、3号位之间，准备做二传，前排的2号、3号、4号位队员则后退，准备接球或进攻。

第七章 网球

课程资源
扫码即可观看

第一节 网球运动概述

一、网球运动的起源与发展

网球运动诞生于12~13世纪的法国，成熟于英国，普及和受到热捧则在美国。网球运动不仅有较高的锻炼价值，同时还具有很强的观赏性，网球比赛既能够锻炼人顽强拼搏、奋力进取的意志品质，又能够培养坚持到底、永不放弃的精神。英国网球tennis一词是从法语演变而来的。

网球运动的由来和发展可以用一句话来概括：孕育在法国，诞生在英国，开始普及和形成高潮在美国，现在盛行全世界，被称为世界第二大球类运动。据资料显示，在国际网联注册的协会组织已近200个。由于网球运动的运动量和运动强度的可调控性和趣味性强，可快可慢、可张可弛，使得参与者以饱满的热情和适合自己的强度在不知不觉中运动完相当于跑完几里路程的运动时间。它能够促进血液循环系统的改善，消耗多余热量，使心肺功能得到提高，可以增强人体免疫能力，提高抗病能力和病后康复速度，达到增进健康、增强体质、强壮身心的目的。

二、世界网球组织机构

ATP是世界男子职业网球协会的英文缩写，成立于1972年，是世界男子职业网球运动员的"自治机构"。其任务是协调职业运动员和赛事之间的伙伴关系，并负责组织和管理职业选手的积分排名、奖金分配，以及制订比赛和给予或取消选手的参赛资格等工作。每年所举办的主要大赛有：四大公开赛、大师赛、锦标系列赛、挑战赛等约80项赛事，分别在6大洲34个国家举办。

WTA是世界女子职业网球协会的英文缩写，成立于1973年，它是世界女子职业网球选手的自治组织，其主要任务是组织由职业选手参加的各种比赛。WTA负责的比赛有：WTA的年终总决赛、各项公开赛、巡回赛等，如意大利公开赛、德国汉堡公开赛、法国斯特拉斯堡公开赛等全年60个左右的赛事。WTA管理职业选手的积分、排名、奖金分配，负责协调与赞助商、赛事主办者之间的关系等与选手有关的一切事务。WTA年终排名，由在美国纽约举行的WTA世界锦标赛最终确定，世界上只有16位选手有资格参加。

三、网球运动的重要赛事

1. 温布尔登网球锦标赛

温布尔登网球锦标赛是网球运动中最古老、最具声望的赛事。锦标赛通常举办于6月或7月，是每年度网球大满贯的第3项赛事，它创办于1877年，是现代网球史上最早举办的赛事。

2. 法国网球公开赛

法国公开赛的场地设在巴黎西部蒙特高地的罗兰·加洛斯体育场内。该体育场建于1927年，以在第一次世界大战中为国捐躯的空中英雄罗兰·加洛斯的名字命名。同时也是法国网球黄金时期的象征，因为它是直接为庆祝被称为"四骑士"的四名法国人首次捧回戴维斯杯，准备翌年的卫冕战而特意修建的。法国网球公开赛法国网球公开赛通常在每年的5月至6月举行，是继澳大利亚公开赛之后，第二个进行的大满贯赛事。

3. **美国网球公开赛**

美国网球公开赛是每年度第4项也是最后一项网球大满贯赛事，通常在8月底至9月初举行，赛事共分为男子单打、女子单打、男子双打、女子双打和男女混合双打五项，并且也有青少年组的比赛。目前男、女单打的冠军都可获得高达100万美元以上的奖金。现在每年的夏天在美国国家网球中心进行的美国网球公开赛都能吸引超过50万的球迷到现场观看。

4. **澳大利亚网球公开赛**

澳大利亚网球公开赛是四大满贯赛事中每年最先登场的，通常于每年一月的最后两个星期在澳大利亚第二大城市墨尔本举行。澳大利亚公开赛1905年创办，至今已经走过了一百多年的历史，在四大公开赛中是最年轻的。澳大利亚选手获得了1980年之前的历届比赛的大部分冠军。

5. **戴维斯杯赛和联合会杯赛**

联合会杯网球赛是一年一度的世界女子网球团体赛，它是1963年为庆祝国际网联成立50周年创办的。联合会杯网球赛是和戴维斯杯赛齐名的团体赛事，是各国网球整体实力的大检阅。第一届联合会杯比赛是在伦敦的女子俱乐部进行的，共有16支代表队参加。联合会杯赛每年进行一次。随着女子网球运动的不断普及，参加联合会杯赛的国家也慢慢多起来。

四、网球运动与身体健康

网球运动是一项无论性别差异、无论年龄大小，都能在同一场地上按同样的规则来进行的运动项目。网球的优点在于不仅可使运动者消耗多余热量，而且还可使运动者获得极大的乐趣。网球运动允许运动者按自己的速度和节奏进行练习内容的安排和技术水平的提高。

因为网球运动是隔网对垒的运动，所以可以避免身体碰撞造成的不必要的伤害，打网球时可快可慢，可张可弛，身体各部分协调动作，使全身肌肉得到充分锻炼。网球运动是一项集技术和智力于一身的体育运动，打球时必须不断地进行判断和反应。对参与网球运动的爱好者来说，控制力、耐力可以得到很好锻炼的同时还能培养良好的团队精神。

第二节　网球运动的基本技术

一、握拍

握拍是有一定要求和规律的，它能有效地帮助你运用球拍，打出漂亮而有力量的球，会使你感到球拍是手臂的延伸和手掌的扩大。握拍基本方法有4种：东方式、大陆式、西方式和双手握拍法。

二、握拍动作要领

① 东方式握拍：东方式握拍时把右手平贴在拍子的网面上，手顺着拍面滑下来到拍柄上，手握紧拍柄。

② 西方式握拍：把拍子平放到地上，然后握住拍柄拿起来。许多著名网球选手用的就是这种握拍方法，比如天王费德勒。

③ 大陆式握法：将球拍侧立，从上而下握拍，虎口放在拍柄的上平面与左上斜面的交界线上，食指紧贴拍把手右上斜面，无名指和小指都紧贴拍柄。

④ 双手握拍法：双手握拍是右手用东方式握住拍子，左手握住右手的一半，然后双手握

紧拍子。

三、握拍练习方法

① 可以闭上眼睛左手拿拍子，然后再用右手去握拍，看看握的是否正确。
② 将拍子放在地上，原地转三圈，然后再去拿拍子，看看握的是否正确。
③ 左手轻拿拍颈，右手握拍转动，停止后看看握的是否正确。

四、正、反手击球动作要领

1. 正手击球动作要领

① 准备：准备动作是基础，也是学习网球最重要的一个环节。右手握拍，左手轻轻地托住拍子颈部。拍头指向前方，双脚分开站立，两膝微屈、放松，上身稍前倾，身体重心放在两脚的前脚掌上。两眼注视对方，观察对方动作，准备迎击对方的来球。

② 引拍：引拍的时机很重要，要尽量早的引拍。来球时，转身上左脚，同时球拍向后引，拍头要高于手腕，拍子不要引的太大，基本和身体平行就行。

③ 击球：击球时击球点很重要，基本在左脚的位置就可以，高度在腰部，注意拍面要尽量垂直于地面，拍头略高于手腕，击球后手臂不可停顿，要跟着向前随挥。记住不要用手腕发力，不然你的手腕会疼的，而是要用大臂挥动带动小臂击球。

④ 随挥：在击球后，球拍继续向前挥动。拍头随惯性挥到左肩上方，随挥动作结束。击球后还原很重要，是上一个击球动作的结束，下一个球的开始，立即恢复到准备姿势，准备迎接下一个来球。

2. 反手击球动作要领

① 准备：反手抽击球的准备姿势与正手抽击球的准备动作一样，两膝微屈、放松，上身稍前倾，身体重心放在两脚的前脚掌上。两眼注视对方，观察对方动作，准备迎击对方的来球。

② 引拍：强有力的引拍，是打好反手击球的关键，看到来球，首先转身上右脚，在引拍的同时，要准确握在反手位，握拍的手臂要靠近身体并保持适当弯曲。引拍的方向是向身体的左后侧，不是向腰后方向引。尽量使身体形成扭紧状态，以便于击球时发力。当然，重心一定要低。

③ 击球：反手的击球点要比正手稍微晚一点，击球点在右脚的侧前方。当前挥时拍面要垂直地面，击球时，要朝向球网转腰、转肩，利用转体的力量使身体重心前移。右臂贴住身体，使球拍由下向上挥出。击球的中部。

④ 随挥：击球后，身体顺势转向球网，在跟进动作时，网拍和手臂充分伸展，使网拍挥到身体的右前上方，身体转向球网，然后迅速还原成准备姿势。

五、正、反手击球练习方法

① 两人面对面或对着镜子进行徒手挥拍练习，这样就能够相互说出对方动作的不足，在说对方的时候对自己本身也是进步，在练习挥拍时一定要有耐心，只有达到一定的数量，才能够形成动力定型，使动作固定下来。

② 在进行挥拍练习时，可以将挥拍动作用分解法和完整练习法相结合来进行练习，这样会使你注意到动作的一些细微部分，会起到事半功倍的作用。

③ 教师站在学生的侧前面进行原地抛球，学生可以在教师的直接指导下进行连续的击球练习。这样师生之间交流起来会更顺畅。

④ 教师送多球是网球训练中用得最多、最有效的训练方法之一，教师可以根据学生的不同情况、不同水平、不同要求送出不同的球。练习时有要遵循由易到难的原则，速度要由慢到

快，力量要先轻后重。

⑤ 底线对打是网球训练最常用的方法，练习时教师可以根据学生水平的不同提出不同的要求，如一攻一守、直线、斜线、一定点一移动等练习方法，这些练习方法如果和比赛结合起来，效果会更好。

六、发球

1. 发球动作要领

① 握拍：发球时一般采用反手握拍，这样握拍便于使球更加旋转。

② 准备：在端线后自然、舒适和放松地站好，两脚分开与肩同宽，重心放在左脚上，肩膀侧对球网，左手持球轻轻托球拍在腰部，拍头指向前方，呼吸均匀，注意力集中。

③ 抛球与后摆：抛球与后摆动作是同步进行的。抛球是发球中很重要一个环节，持球手轻轻托住球，掌心向上。持拍手将球拍自然下落经体侧向后引拍，当球拍从体后向头上摆动时，身体要转体、屈膝、展肩，左手柔和地在左脚前上方举到头顶。抛球要平稳，将球举到最高点抛向空中。

④ 击球：左手向上将球抛出，右臂肘关节放松。当抛出的球下落接近击球点时，迅速向上挥拍击球，左脚蹬地，手臂和身体充分展开，在最高点击球，手臂外翻要做出带腕的鞭打动作。这是发球发力的关键动作，整个过程，两眼要盯住球，不要低头。

⑤ 随挥：把球击出后，身体保持连贯、完整地向前上方伸展，继续以随挥的力量将球拍经体前左膝侧面挥向身体后，上体向场内倾斜，重心前移，做到完全、自然充分的跟进动作。

2. 发球练习方法

① 练习发球首先要练习抛球，只有球抛的又高又直又稳，才有时间将引拍动作做完。可以找一墙角练习，这样可以使球抛的比较直。

② 球抛好后，可以练习同时抛球和引拍，反复做，直到做得非常熟练。

③ 模仿抛球和发球的完整动作，尽量做到放松、准确、协调、舒展。

④ 找一和自己拍子举起来一样高的树叶，做完整的挥拍的动作，尽力去击打那片树叶，体会击球的感觉。动作规范，做到抛球要稳，要与挥拍后摆同步，击球前拍头自然在背后下垂后摆放松以形成鞭打，击球时，眼睛要盯着球。

3. 发球容易犯的错误及纠正方法

① 抛球不准，不能送到准确的位置。可以练习徒手的抛球和引拍动作，直到球抛好，动作做熟练。

② 击球时，没有在最高点击球，击球手臂没有伸直，是弯曲的。在练习时尽量将球抛高，击球时，感觉是去够着球打，而不是等到球落下来时再去打。

③ 在发球时，球抛的太后，靠后仰头击球。练习时，把球抛得靠前些，同时，只想向前向上击球。

④ 如果球总是下网，说明击球点太靠前，练习时可以将球抛得稍微靠后一些，尽量将向远向深里打。

4. 双打中的发球练习

在双打比赛中发球是至关重要的一个环节，在比赛中首先要考虑的是要将球发过球网。有威胁的发球不仅可以直接得分，还可以给对手制造麻烦，为网前同伴的截击创造条件。

① 你首先要考虑的是回球的线路，然后是球的速度和类型。

② 一发的落点要尽量远一点，这样可以增加对手回球的难度。二发应采用削球和各种旋转球的变化加强进攻。

③ 在双打比赛中，一发的成功率比单打显得更为重要，因此，一发宁肯慢一些，也要保证球的线路以增加发球的效果。

④ 你要知道当你把球发到对方场地发球区的外角时，就增加了对方防守的范围，你试一试吧。

第三节　网球运动的基本战术

一、战术中的击球区域

选手要有战术区域概念并且要有能够在球场任何区域应付自如的能力。网球场基本可以分为三个战术区域，即建立优势区、施加压力区和最终得分区，并要求在各区域内应具有不同的战术选择和技术运用。区域的大小与每名运动员的能力有关。

（1）建立优势区。建立优势区概念的含义引出现代底线打法的本质——建立优势，直至给对手形成压力。这个区域通常位于底线前后，在此区域的击球通常被描述为积极主动的、有控制的击球。在此区域击球时，运动员的主要目的是迫使对手回球质量下降，击出较弱的球，从而进一步给对手形成进攻压力。在这个区域时，运动员要始终保持积极进攻的态势，但必须在成功率较高的基础上加强球的攻击性，只有做到这一点，才能把握住战术重点。

（2）施加压力区。施加压力区域的目的是给对手施加压力，而不是直接得分。具有攻击力的中场球、随球上网和截击球大部分发生在这个区域里。开始时至少要准备依靠通过两拍击球得分，通常是第一拍施加压力，随后的一拍直接得分。从底线向前移动并在上升期击球，运动员可以将建立优势区的击球转变为施压的机会。而通过场上站位的改变就可以做到这一点。

（3）得分区。得分区是球网向发球线推进一米左右的区域。由于对方已经非常被动，无力进行反击而回球至此区域。这无疑为自己创造了最好的得分机会，冷静对待，采用结束性的击球技术制胜得分。

二、战术的训练方法

1. 同伴的选择

双打比赛两人中要选一个核心队员，同时要尽量选择曾长时间和自己训练的伙伴，这样较易互相了解、彼此默契。在比赛时，两人要经常相互交谈，相互鼓励，两人的彼此交谈会增加预测的能力，为下一分的胜利提供额外的信心。两人要成为好的双打搭档，必须充分了解对方的技术特点，并且在双方的技术上互补，这样才能成为难于攻破的强固防线，在比赛中取得胜利。

2. 双打的站位

网前是双打比赛中必须要占领的制高点，双方都要力争占据网前的主动权，谁控制住网前谁就控制了整个局势。主要有发球局战术与接发球局战术。

① 双打最常见的站位是一前一后、一左一右：即发球员A位于中点和单打线中间。准备发球后直接上网，发球员同伴B站在发球线与球网之间稍偏向边线，以便封网。接发球员C在右区接发球时，站在习惯的接发球位置，接发球员的同伴站在发球线与球网之间靠边线处，以便封网。

② 双底线站位：网前信心不足但底线技术出众的选手多使用双底线战术。但这种战术已较落后，现已很少使用。

③ 澳式站位：蹲于中线处但离网很近，发球后按预定好的计划移动抢网，打对方措手不及；同伴A向相反方向进行互补。

第八章
羽毛球

课程资源
扫码即可观看

第一节　羽毛球运动概述

一、羽毛球运动的起源与发展

现代羽毛球运动诞生在英国。1873年，在英国格拉斯哥郡的伯明顿镇有一位叫鲍弗特的公爵，在庄园里进行了一次"蒲那游戏"的表演。因这项活动极富趣味性，很快就风行开来。此后，这种室内游戏迅速传遍英国，"伯明顿"（Badminton）即成为英文羽毛球的名字。那时的活动场地是葫芦形，两头宽中间窄，窄处挂网，直至1901年才改为长方形。羽毛球运动约于1920年传入我国。20世纪70年代我国羽毛球队已跻身于世界强队之列。20世纪70年代，国际羽毛球坛是印度尼西亚与我国平分秋色。20世纪80年代，优势已转向我国，说明我国羽毛球运动已达到世界先进水平。羽毛球在1992年巴塞罗那奥运会上被列为正式比赛项目，共设男、女单打和男女双打、混合双打5项比赛。

二、羽毛球运动与身体健康

羽毛球运动前场、后场快速移动击球，中后场的大力扣杀球，被动时的扑救球，双打的换位击球等都需要练习者有较好的力量素质、速度素质、耐力素质、灵敏素质、柔韧素质以及快速的反应能力。参与羽毛球运动时因受到竞争性、对抗性、大强度等诸多因素的影响，使意志品质在该项运动中占有非常重要的地位。对对方战术意图的揣摩，对各种战机的把握，对自己运用什么战术的选择等，使参与羽毛球运动的人思维敏捷。同时，由于比赛的紧张、竞争的激烈，使练习者的心理素质得到了很好的锻炼，在竞争中，强化进取精神，使人的智、勇、技在竞争与对抗中得到升华。

第二节　羽毛球运动的基本技术

一、握拍

1. 正手握拍法

先用左手拿住拍杆，使拍面与地面垂直，然后，右手张开成握手状，虎口对准拍柄窄面内侧小棱上，拇指与食指自然地贴在拍柄的两个宽面上。中指、无名指、小指自然并拢握住拍柄，掌心不要紧贴，拍柄端与近腕部的小鱼际肌平，拍面基本与地面垂直。食指与中指稍微分开，手心不要贴紧拍柄，注意要使小鱼际肌与拍柄端平齐。正手发球、右场区各种击球及左场区头顶击球等，一般都采用这种握法，以右手握拍者为例（图8-1）。

图8-1

2. 反手握拍法

在正手握拍的基础上，拇指和食指将拍柄稍向外转，拇指顶点在拍柄内侧的宽面上或内侧棱上，中指、无名指和小指并拢握住拍柄，柄端靠近小指根部，注意手心不要贴紧拍柄，要使掌心与拍柄之间有一个明显的空隙。球拍斜侧向身体左侧，拍面稍后仰。一般来说，击身体左侧的来球，大都先转体（背对网），然后用反手握拍法击球。在握拍时要注意击球前握拍要放松，就像掌中握着一只小鸟，太紧会捏死，太松就会飞走，要求肌肉要适度放松。只有在发力击球的一刹那，才紧握球拍，击球后应快速恢复放松状态（图8-2）。

图8-2

二、持球

左手以拇指、食指和中指捏住羽毛球，将球置于腰腹以下的位置，以右手反手握拍为例。肘部略抬起使拍框下垂于左腰下侧，两眼注视对方准备接球的动向及场地，发球时主要是依靠挥动前臂和伸腕闪动发力来完成动作。其动作幅度小，力量也较小，但速度较快，动作隐蔽性强。此动作可以用于发出高远球除外的其他各种飞行弧线球，但多用于双打比赛（图8-3）。

图8-3

三、发球

1. 高远球

把球发得既高又远，使球向对方后场上方飞去，球的飞行路线与地面形成角度，要大于45°，使球几乎垂直落在对方后发球线附近的发球区内，称为发高远球。发高远球可以迫使对方退至端线附近接发球，从而减小对方回击球时的进攻性，是单打比赛中主要的发球手段。

2. 正手发平高球

平高球运行的抛物线弧度不大，使球迅速越过对方场区空中而落到底线附近。由于平高球的飞行弧线比高远球低，所以挥拍击球时多运用前臂带动手腕来发力。球与球拍接触时，球拍后仰的程度比发高远球小，拍面略微向前推送来完成击球。在学习过程中，易犯的错误与发高远球易犯的错误相同，只是在随前动作中可产生制动，但在发高远球时，不应产生制动（图8-4）。

图8-4

3. 正手发网前球

发出的球贴网而过，落地到对方前发球线附近的发球区域内的球。在学习过程中，发网前球的技术要求较高，如果球的飞行弧线太低，或力量太小，会不过网或不到对方的发球区（即短球）；若球的飞行弧线过高，则易遭到对手的扑击回球。

高质量的网前发球，可以避免对方在接发球时的直接下压球，从而可以有效地限制对方做进攻性的回击，主要适用于双打发球（图8-5）。

图8-5

四、击球

1. 击球路线

一般将击球点高于头部的击球，称为高手击球。高手击球按其技术特点和球飞行弧线的不同，可分为：高远球、平高球、扣杀球和吊球等。同时，可以按击球点的位置分为：正手高手击球；反手高手击球；头顶击球（图8-6）。

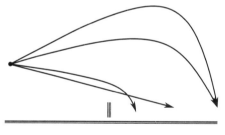

图8-6

2. 正手高远球

采用正手握拍法，击球点在身体的右侧方用正拍击出的高远球，称为正手高远球。它分为原地正手高远球和起跳正手高远球两种。原地正手高远球的动作要领：左脚在前，右脚在后，侧身使左肩对网，两脚间距与肩同宽，重心在后脚，右手正手握拍屈臂举拍于右侧，左手放松自然上举，眼睛向上注视来球（图8-7）。

3. 反手高远球

在自己左后场区上空的球，以反手握拍法用反拍面击出的高远球，称为反手高远球。一般情况下都采用原地反手击高远球，很少采用起跳的击法。

图8-7

步法移动中，手法要马上右正手握拍转换成反手握拍，上臂平举，屈肘使前臂平放于胸前，球拍放至左胸前，拍面朝上，完成引拍动作（图8-8）。

4. 头顶高远球

其动作要领与正手高远球基本相同，只是击球点在头顶的前上方，准备击球时，身体偏左倾斜，用正拍面击出的高远球，称为头顶高远球。击球时，上臂带动前臂使球拍绕过头顶，从左上方向前加速挥动，注意发挥手腕的爆发力击球，落地时左腿向左后方摆动的幅度大些（图8-9）。

五、扣杀球

1. 正手扣杀球

对于在自己右侧上空的高球，用正手握拍法握拍，用正拍面扣杀球，称为正手扣杀球。正手扣杀球可以在原地或起跳后进行。正手跳起杀球动作要领：右脚后撤同时引拍到位，侧身对网，屈膝下降重心，做好起跳击球的准备。起跳后，身体左转同时后仰，挺胸成弓形，当球落至肩前上方的击球点时，快速收腹，以胸带臂，前臂和手腕加速挥摆，闪腕发力；与此同时，手指突然抓紧拍柄，使手腕的发力集中到击球点上，拍面正面击球托的后部，使球快速向下直线飞行。杀球后形成右脚在前，左脚在后的回动姿势（图8-10）。

2. 反手扣杀球

对于在自己左侧上空的高球，采用反手握拍法，用反拍面扣杀，称为反手扣杀。比赛中运用反手扣杀球，具有一定的进攻突然性。但从球速和力量讲，都不如头顶扣杀球，球的落点也较难控制。反手扣杀动作要领：向

图8-8

图8-9

图8-10

左后转身前交叉步后退三步，移动过程中形成反手握拍，前臂往胸前收，右肩有些内收，完成引拍动作。击球的一瞬间，前臂开始向上挥动，拍子从左前下向右前上方摆动，此时，左脚开始发力，腰腹及肩部发力，并带动上臂及前臂，发出鞭打的力量，球拍往上后方挥动。击球时，握紧拍子，快速外旋和后伸闪腕，击球托的后部完成击球动作。击球后，前臂内旋，使球拍回收至体前，下降重心使之制动，并迅速转体回动。

3. 突击杀球

当对方击来弧线较低的平高球时，则向侧方或侧后方起跳，突然挥拍扣杀球，称为突击杀球（也称跳起突击杀球）。突击杀球多用于中场或中后场区。这项技术的特点就在于它的进攻突然性，在单打时有应用，在双打时运用尤多。突击杀球动作要领：侧身右方，后退一步并迅速起跳，跳起后，身体后仰，拉长腹肌及胸大肌，拍子自然往后下方摆动，加大挥拍的工作距离。收腹转体上臂带动前臂急速内旋挥拍，手突然紧握拍子闪腕，产生爆发力击球，此时拍面与水平面的夹角应小于90°。击球后落地并迅速回动。

六、吊球

1. 正手吊球

正手吊球是后场正手上手主要击球技术之一。击球前，身体先半侧对球网，右脚在后，左脚在前，两脚尖均踮起，身体重心自然落在右脚掌上。右手采用正手握拍法，自然将球拍举到右肩侧上方，左手自然上举，眼睛注视来球。当球下落到接近击球点高度时，右脚开始蹬伸，并以髋关节带动身体由右向左转动，做左腿后撤，右腿前迈的两腿交叉动作。伴随着下肢蹲转动作的同时，胸部舒张，两侧肩关节外展，左手自然上举，持拍臂的前臂向后移动，保持高肘后撤球拍。在协调用力的配合下，上臂带动前臂利用伸肘关节、前臂旋内和屈腕的力量，向前下方轻击来球（图8-11）。

图8-11

2. 反手吊球

反手吊球动作要领与反手击高远球动作基本相同。前臂快速由左肩下向右上稍有外旋的挥动，手腕动作内收闪动，击球托的右下部，在击球瞬间拍面与水平面的夹角应稍大于90°，并有前推的动作，避免吊球落网（图8-12）。

图8-12

七、搓球

1. 正手搓球

搓球准备动作与动作要领：当球向右场区飞来时，采用正手搓球。侧身对右边网前，右脚跨前成弓箭步，身体重心在右脚上。在正手握拍的基础上，拇指、食指、中指和无名指稍松开，使拍柄离开掌心，拇指斜贴在拍柄内侧的上小棱边上，食指稍前伸，使第二指带斜贴在拍柄外侧的宽面上。然后快速侧身向右侧网前移动，最后一步为右脚向球的方向跨一大步，身体重心应较高，以争取高点击球。同时，左臂自然后伸，起平衡作用，引拍动作中，伸臂举拍时应稍屈肘、屈腕，使球拍自然的稍向后拉，击球发力动作应以肘关节为轴，通过前臂的外旋及收腕动作，用正面拍切削球托的后底部或侧底部，使球翻滚过去。击球后右脚快速蹬地后撤回动（图8-13）。

图8-13

2. 反手搓球

当球向左场区飞来时，采用反手搓球。反手搓球的上网动作和正手搓球动作类似，其不同点是：身体向左侧移动，最后一步左脚向左侧跨出。在正手握拍的基础上，拇指、食指、中指和无名指稍松开，拍柄离开掌心同时使球拍稍向内转，拇指贴在拍柄内侧的上小棱边上，食指第三关节贴在拍柄外侧的下小棱边上。反手搓球在伸臂举拍时，应稍屈肘，反拍面向上，屈腕使球拍略下垂，然后再伸前臂、屈腕，用反面拍切削球托的后底部或侧底部（图8-14）。

图8-14

八、步法

1. 一步跨步上网步法

重心前移，利用双脚蹬地，接着向球的方向跨出一大步到位。向右前场上网，用正手击球；向左前场上网则用反手击球。

2. 两步跨步上网步法

重心前移，左脚先向球的方向上一步，紧接着右脚向球的方向跨一大步到位，准备击球向右前场上网，用正手击球；向左前场上网用反手击球（图8-15）。

图8-15

3. 三步跨步上网步法

三步跨步上网步法也叫交叉步加蹬跨步上网步法。前交叉蹬跨右侧上网步法重心前移，右脚先向来球方向垫一步，左脚再上一步，接着左脚后蹬，侧身将右脚向球的方跨一大步到位，准备击球。

4. 后交叉蹬跨左、右侧上网步法

重心前移，右脚向来球方向垫一步，左脚接着向右脚后交叉上一步，左脚着地后即刻后蹬，将右脚向球的方向跨一大步到位，准备击球。

第三节 羽毛球运动的基本战术

一、发球战术

1. 发后场球战术

发球时，对方一般处于中心位置，发后场球，由于落点深，可以迫使对方后退，远离中场，造成前场空当，为下一步制造网前球创造了条件。同时，由于球路和球速的不同，给对方击球造成难度。高远球弧线高、速度慢，垂直下落，让对方难以下压进攻。平高球弧线低，速度较快，以精确的落点，快速的节奏，打乱对方的进攻意图，实现发球战术（图8-16）。

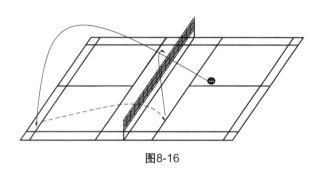

图8-16

2. 发网前球战术

发网前球也称发近网球。以较低的弧线，把球发到对方发球区内的前端，其目的：一是迫使对方上网，暴露出后场的空当，可以在对方回球质量不高的情况下，攻击对方后场；二是减少对方直接进攻的可能，迫使对方挑高球，为自己制造进攻的机会，当然还要提防对方以网前球相还。

3. 发平快球战术

平快球是以低平的弧度、很快的速度，发到对方发球区内侧底线。如果对方站位偏离中线，在其内侧出现较大空当，或对方注意力不够集中时，这种快速发球，可以达到一种偷袭的目的。或直接得分，或打乱对方节奏，迫其回球质量下降。为了很好地贯彻发球战术，发球时要注意以下几点：要注意发球动作的隐蔽，不要让对方观察出自己的意图；要注意观察对方的站位，捕捉对方的漏洞；要做好充分准备，实现发球战术，以及应付各种突然的变化。发球要有准确的落点。根据对方的站位和习惯，发球要有针对性、突然性、目的性。一般我们把发球落点划分为四个区域。

二、进攻战术

（1）发球抢攻战术。发球不受对方干扰，发球者可以根据规则，随心所欲地以任何方式将球发到对方接球区的任意一点。善于利用多变的发球术，能先发制人，取得主动。以发平快球和网前球配合，争取创造第三拍的主动进攻机会，组成发球抢攻战术。

（2）打"四方"球，结合突击战术。把球以各种手法打到对方场地四个角，称"四方"球。以高远球、平高球、吊球，以及网前球，将球准确打到后场、前场四个角，造成对方大范围跑动，消耗体力。待其出现步伐不到位，回球质量不高时，采取攻击，实现主动。

三、防守战术

1. 高远球防守战术

打后场高远球是一种防守战术,它与进攻时用的平高球不同。平高球由于速度过快,回球也快而不能为防守争取更多的时间,使防守难以调整战术,反而增加防守难度,起不到防守的目的。高远球由于弧线高,速度慢,可以有较多的时间等待对方回球,并及时调整自己站位。同时,这种战术还适合应对盲目进攻型的对手,通过反复打高远球,造成对方不断的扣杀,消耗对方体力,待对方体力不支,回球质量不高时,进行反击。

2. 网前球和推球战术

在自己处于不利情况下,可利用搓、勾、挡、吊等手段,将球打在对方的网前,用网前球遏制对方再次的直接进攻,为自己调整站位创造条件。另外,还可以用推、挡直线球,或半场球,破坏对方的进攻节奏,达到由防守到反攻的目的。

四、接发球战术

由于规则对发球的限制,发球的威胁性被削弱,而且球的落点必须在接球者区域内。在这固定的防守区域内,如果接球者能够很好地处理来球,即可占据主动地位。接发球者的站位一般在接球区中场,略靠左(以右手持拍为例)。接球时,要注意力集中,前后左右兼顾。根据发球的规律,对方只能发出网前球、后场球、和速度较快的平快球。

五、双打战术

1. "攻中路"与"攻腰"战术

进攻中,对方必定平行左右站位,这样可以把球打到对方两人防守的结合部位,以便造成他们因为相互争抢碰撞,出现失误,或相互退让,出现漏球。当对方前后站位时,也可以将球打到半场靠边线区域,这是他们前后的结合部位,同样可以造成上述的失误,这就是所说的攻半场战术。

2. 攻人战术

在比赛中,两人集中优势,盯住对方一人进行攻击,也称"二打一"战术。目的是消耗其体力,使其造成失误。另外,在另一人松懈时或极力保护同伴时,可突然改变线路,突袭对方空当。这种盯人战术,往往是选择攻击对方技术水平较弱的选手。也有选择主动攻击对方强者,以消耗其体力,使其战斗力下降。

第九章 乒乓球运动

课程资源
扫码即可观看

第一节　乒乓球运动概述

一、乒乓球运动的起源与发展

乒乓球起源于英国，欧洲人至今把乒乓球称为"桌上的网球"，由此可知，乒乓球是由网球发展而来的。19世纪末，欧洲盛行网球运动，但由于受到场地和天气的限制，英国有一些大学生，在室内以餐桌做球台，用书或以两把高背椅子挂上一根线当作球网，采取软木或橡胶做成的球，以羔皮纸贴成的长柄椭圆形空心球拍，在台子上将球打来打去，这种室内游戏称为"戈西马"（Goossime）或"弗利姆－弗拉姆"（Flim-Flam）。记分方法有每局10分、20分、50分和100分多种，球台和球网无统一规定，发球也无严格限制，以后逐渐成了一种家庭娱乐活动。1890年左右，英格兰著名越野跑运动员詹姆斯·吉布（James Gibb）从美国带回赛璐珞球，由于当时普遍使用的羔皮纸球拍，击球和球碰球台后发出"乒乓"（Ping-Pang）的声音，人们便模拟其声音而称为"乒乓球"。直到20世纪20年代，举行了多次乒乓球邀请赛，才逐渐引起人们的重视，但主要在知识分子、学生和职员中传播。

最初的球拍是两面贴羔皮纸的空心球拍，其后改用木板拍。1902年英国人库特（Gude）发明了胶皮颗粒拍。1950年奥地利人发明了海绵拍，1952年日本选手首次使用海绵拍，参加了第19届世界乒乓球锦标赛，并取得优异成绩。此后，引起了一场国际范围关于能否使用海绵拍的争论，这场争论持续了多年，而在此期间又出现了正胶海绵拍和反胶海绵拍。1959年国际乒联才作出了球拍规格化的决定（方案是中国提出的）。以后又出现了长胶、中长胶粒球拍，防弧球拍，生胶球拍，两面不同性能球拍等，现在又出现了歪把球拍和扣握式球拍等。

二、乒乓球运动与身体健康

乒乓球运动可以根据自身情况调整运动量，可以全力以赴拉弧圈，大汗淋漓，想省力时也可以采取防守策略，四两拨千斤。乒乓球是最好的有氧运动，长期锻炼对人的心肺功能具有极大的好处。乒乓球运动的一大特点是脑力与体力充分结合。想要在乒乓球竞争中取得主动，不仅要有良好的基本技术，打球时还要不断观察分析，通过分析对方的站位、球路、特长和弱点，做出正确的判断。打球的同时脑海里需要构建路线图，用以"算计对手"，才能百战不殆。

第二节　乒乓球运动的基本技术

一、握拍

1. 快攻型直拍握法

球拍柄右侧贴在食指的第三关节处，以食指的第二关节压住球拍的右肩，食指的第一关节自然向内弯曲。拇指的第一关节压住球拍的左肩（拇指与食指之间的距离要适中）。其他三指自然弯曲斜形重叠，以中指第一关节托于球拍背面1/3上端，使球拍保持平稳。这种握拍技术手腕比较灵活（图9-1）。

2. 弧圈型直拍握法

在正手拉弧圈球时,拇指、中指和无名指协调用力,中指和无名指略微伸直,以利于出手击球时较好地保持拍形的前倾。这种握拍技术的优点是手腕比较灵活。正、反手的结合比较容易,处理台内球也较好。缺点是拍形不易固定,对正手大角度球和扣杀较高的球难处理(图9-2)。

图9-1

3. 削攻型直拍握法

直拍削攻型的握拍技术是拇指自然弯曲,紧贴拍柄左侧,第一指节用力下压,其余四指自然分开托住球拍背面。削球时,主要以中指、无名指、小指用力,食指紧托住球拍辅助用力。反手削球时,利用手腕把球拍兜起使拍柄向下,有利于加转削球。由防守转为进攻时,把食指移到拍柄的右侧扣住拍柄。这种握拍技术在削攻结合时手指要来回变换握法,反手攻球时,更受限制,不如横拍方便(图9-3)。

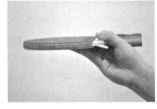 

图9-2

图9-3

4. 横拍握拍技术

横拍攻击型(包括快攻和弧圈两种)和削攻型握拍技术基本相同,可分为浅握和深握两种。浅握时,以中指、无名指、小指自然地握住拍柄,拇指在球拍的正面轻贴在中指旁边,食指自然伸直斜放于球拍的背面,虎口轻微贴拍。深握与浅握基本相同,但虎口紧贴球拍(图9-4)。

图9-4

二、基本站位、姿势

1. 基本站位

进攻型打法的基本站位为:距离球台端线50cm左右,擅长近台进攻的选手,站位可再稍近些。擅长中近台进攻的选手,站位可稍靠后些。擅长正手侧身抢攻的运动员,可站在球台偏左侧。擅长打相持球或反手实力较强的运动员,可站于球台中间略偏反手的位置。

削攻型打法的基本站位为:距离球台端线100cm至150cm左右,多在球台中间略偏反手的位置。进攻能力强的,站位可稍近些。以防守为主的选手,站位可稍远些。

2. 基本姿态

进攻型打法的基本姿势为:(以右手执拍为例)两脚开立,比肩稍宽,左脚稍前,右脚稍后,前脚掌内侧着地,脚后跟略提起。两膝自然微屈,重心在两脚之间,含胸收腹,身体略前倾。肩关节放松,执拍手位于身前偏右处,球拍略高于台面。

削球打法的基本姿势与进攻型打法略同,不同之处在于:两脚间距较宽,重心稍低,右脚在左脚之前,上体前倾较少,执拍手位于胸前。

3. 基本步法

（1）单步。以一脚为轴，另一脚向前、后、左、右不同方向移动，重心随之跟上。具有移步简单、灵活、重心平稳的特点。它适用于来球速度慢，离身体不远的小范围内击球。如接近网短球，离身体不远的削球、搓球等。另外，还有为了移动脚更好的起动，为轴的脚往往先在原地有一调整重心的单步动作。

（2）并步。先以来球异方向的脚向同方向的脚并一步，然后同方向的脚再向来球的方向迈一步，重心随之交换。其特点是：身体不腾空，重心起伏小，很稳定。一般在来球的球速不快且球离身体不远时使用，如横拍快攻选手的两边摆速练习，削球的左右移动、快攻、拉弧圈球等常用这种移动方法。

（3）垫步。两脚的前脚掌同时上下轻轻跳一下或踮一下，有时两脚不离开地面。垫步可向前、后、左、右移动，它的要点主要体现在"垫"上，垫的动作幅度比正常步法要小许多，在进行定点单个技术连续打时，要注意运用垫步去保持击球动作与步法协调性与连贯性。

（4）跨步。以一脚蹬地，另一只脚向来球方向腾空跨出一大步，身体重心随即移到摆动脚上，另一只脚跟着移动。其特点是速度快，幅度范围比单步、并步、换步移动大。进攻型选手多用于扑打正手球，削球选手多用于对方突然的攻击。

（5）跳步。以来球异方向的脚用力蹬地为主，使两脚同时或几乎同时离地向来球的方向跳动，蹬地用力大的脚先落地，另一脚紧跟落地。它可向前、后、左、右、原地等跳动。其特点是：快速、灵活。移动的幅度比单步、并步、换步大，有短暂的腾空时间。靠膝关节和踝关节的缓冲来减少重心的起伏。快攻打法用跳步侧身进攻较多，弧圈球打法在中台左右移动或侧身移动时常用。搓球、削球时用跳步调整站位较多。

三、发球

发球是乒乓球运动各种类型打法技术中的重要技术，亦是乒乓球比赛开始先发制人第一板的重要技术。

1. 低抛发球技术

（1）正手平击发球。平击发球，是初学者最基本的发球方法，一般不带旋转。动作要点：手掌伸平，球置于掌心上，将球几乎垂直向上抛起（抛球高度约20cm），当球下降至距离台面10~15cm时迅速向前挥拍击球，拍形稍前倾，触球部位为球的中上部；击球后的第一落点，应落在本方球台的靠近端线位置（图9-5）。

图9-5

（2）正手发右侧上旋斜线急球（奔球）。球速快、角度大、突然性强，并向右侧偏拐。是直拍快攻打法常用的发球。动作要点：当持球手将球向上抛起后，持拍手随即向右后上方引拍，上臂向后引拍时，手腕手指要放松，拍面较垂直；当球从高点下降至离台面约10cm高度时，上臂带动前臂由右后方向左前方挥摆，同时腰髋也由右向左转动；击球时，在拍面触球的一瞬间，拇指用力压拍左肩，手腕手指同时从后向前使劲抖动弹击，球拍沿球的右侧中部向中上部摩擦球；球离拍后，由于具有强烈的右侧上旋力，使球越网后向对方右角偏斜前进（图9-6）。

图9-6

2. 高抛发球技术

侧身正手高抛发左侧上、下旋球。动作要点：持球手在身体左侧将球向上垂直抛起，当球下降到头部时，持拍手向右上方引拍，拍面角度较平。发左侧上旋球时，持拍手由右上方向左下方挥摆，球拍从球的右侧中下部向左侧上面摩擦击球。发左侧下旋球时，持拍手则应由右后上方向左前下方挥摆，球拍从球的右侧中下部，向左侧下部摩擦击球。注意它与发左侧上旋球挥拍方向是不同的（图9-7）。

图9-7

3. 下蹲发球技术

下蹲发球横握拍运动员采用较多，主要是因为横拍能较好地发挥前臂和手腕的灵活性。下蹲发球属于上手类发球，球拍通常是摩擦球的上半部将球发出。例如：下蹲发球发出的右侧上下旋球，越过网落到对方台面时，不是向对方的右边，而是向对方的左边偏斜前进。因此，在比赛的关键时刻，突然运用下蹲发球，会使对方感到很不适应，而回接出高球甚至造成失误（图9-8）。

图9-8

四、接发球

（1）接正、反手急上旋球。因来球速度快、落点远、冲力大，或左方大角度急球，又往往来不及侧身，采用抢先上手技术：正、反手快攻或正手抢攻打回头，拉弧圈球等，接好后，可破对方发球抢攻，第四板要连续进攻。采用反控制技术：反手快推、快拨、正手快带等。接好后，可瓦解对方发球的主动优势，转入相持或争取主动。采用过渡控制技术：正、反手削球或正反手快挡等。利用这些技术，接好后，可遏制对方发球抢攻，力争转入相持。

（2）接急下旋球。由于来球速度快、落点远、带下旋，回击时，容易下网，故采用抢先上手技术：正、反手快拉，正手拉弧圈球或侧身正手抢攻等。接好后能破坏对方发球抢攻，第四板转入连续进攻。采用控制技术：正反手削球、正反手切搓球或搓推侧下旋等。接好后可遏制对方发抢，力争转主动或相持。

（3）接下旋转与不转球。首先判断来球旋转性质，要正确分清是加转球，还是不转球。分清后，可采取不同的回接方法。

五、推挡球

（1）平挡。动作简单，容易掌握，是乒乓球入门的基础技术。其特点是：借力还击，力量轻、速度慢、旋转弱、落点适中。通过练习可以熟悉球性，体会球拍触球的感觉。给进一步学习其他推挡技术打好基础，可作为对方进攻时的一种防御手段。

（2）快推。最基本的一种推挡技术，是全面掌握推挡技术的重要环节。它具有动作小、球速快、变化多、灵活、命中较高的特点。能争取时间，使对方左右应接不暇，造成失误或出机会球，为抢攻创造条件。一般运用于相持，接弧圈球、拉球和中等力量的突击来球。

（3）加力推。是推挡球的重磅炸弹。其特点是：力量重、球速快、落点活，稍带上旋或不转。能遏制对方进攻，主要用于助攻，常迫使对方离台后退造成被动。它与减力挡配合运用，更能控制和调动对方，其效果尤佳。加力推适用于对付速度较慢，旋转较弱的上旋球或力量较轻的攻球和推挡球。

六、攻球

（1）正手快攻。站位近、动作小、速度快、进攻性强。它是中国快攻打法中使用最多、最基本的一项技术，亦是常练常用的技术，能借来球的反弹力提高速度。在比赛中，运用速度与落点的变化相结合，能取得更多的主动权，为扣杀创造条件。

（2）正手快拉。快拉通常也称提拉、拉攻等。是用于对付搓球、削球或接下旋和侧下旋发球的一项重要基本技术。它具有速度较快，动作较小，线路较活，并与突击动作较接近的特点。能主动发力击球，用快拉不同落点配合拉轻重力量和旋转变化等，伺机进行突击扣杀。

七、弧圈球

（1）正手拉加转弧圈球。拉弧圈球是一项融旋转和速度为一体的现代乒乓球进攻技术。拉加转弧圈球的特点是，稳健性高，上旋强烈，反弹下滑快，具有一定的威胁性。若对方不适应强烈上旋球，不好控制，常会接出高球，甚至直接失误。还可以起到变化击球节奏的作用。一般是用它来对付下旋长球和侧下旋球，为扣杀创造机会。

（2）正手拉前冲弧圈球。特点和作用：弧圈球比较突出的特点是：上旋强，稳健性高，攻击威力大。弧圈球技术分为：正手弧圈球、反手弧圈球、侧身弧圈球，包括加转弧圈球、前冲弧圈球、侧旋弧圈球、反拉弧圈球、中远台对拉弧圈球、正胶小弧圈球等。前冲弧圈球飞行弧线低而长，球速快，上旋强，前冲力强。落台后弹起不高，急速向前冲并向下滑落。它是弧圈球选手主要得分的手段。

第三节　乒乓球运动的基本战术

一、发球抢攻战术

发球抢攻，是我国乒乓球运动员各种类型打法技战术中的重要战术之一，亦是前三板技术中最具威胁的技术。发球后抢攻的有效率越高，造成对方接发球时心理压力越大，从而迫使对方在接发球时，不得不提高回球难度，或者采取接发球凶抢，希望以此摆脱接发球后被攻的被动局面。这样一来就会有效限制对方接发球的方法与变化，还会增加对方接球失误的概率。如果抢攻技术跟不上，再好的发球也会被对方逐渐适应。

二、对攻战术

对攻是进攻型选手相遇时，从发球、接发球转入相互对抗，形成攻对攻的局面。双方利用速度、旋转、落点变化和轻重力量进行控制与反控制，力争主动的一种重要手段。快攻打法的对攻战术主要是发挥其快速多变的特点来调动对方，以达到攻击对方的目的。快攻对付弧圈为主的打法，其作战方针主要是用速度、落点和轻重力量的变化迫使对方难以发挥旋转的作用，拉不出高质量的弧圈球。快攻对付快攻为主的打法，其作战方针主要是用速度、力量和落点变化迫使对方难以发挥速度和力量的作用。从而陷于防守的地位。快攻打法的各种具体对攻战术主要是依靠左推右攻或正、反手攻球结合变化落点和轻重力量组成的。

三、拉攻战术

拉攻战术是进攻打法对付削球打法的主要战术。快攻的拉攻战术主要是运用拉球的落点变化创造机会，进行突击和扣杀，迫使对方后退防守，从而达到控制对方、赢得主动的目的。拉攻战术首先要求拉得稳，并有落点和轻重力量的变化，以便为突击创造机会，有时还能直接得分。拉攻的主要得分手段是突击和扣杀，尤其是中等力量的突击技术，体现了快攻打法的快速特点，经常会使对方措手不及而失分，或回出高球。

四、削中反攻战术

削中反攻战术是用削球变化旋转和落点，迫使对方在走动中回击失误或接出机会球，伺机进行反攻。运用削中反攻战术的基础是削球，首先，要求削球具备能与对方拉攻形成相持或主动的局面，能为进攻创造条件。同时，还要求具备走动中的进攻能力，以便不失时机地进行反攻。把削球和攻球有机地结合起来。

第十章 毽球

课程资源
扫码即可观看

第一节 毽球运动概述

一、毽球运动的起源与发展

竞技性毽球在花毽的趣味性、观赏性、健身性基础上，增加了对抗性，集羽毛球的场地、排球的规则、足球的技术为一体，是一种隔网相争的体育项目，深受人民群众的喜爱。毽球是一项新兴的体育项目，20世纪80年代中后期才亮相国内赛场。它的比赛场地类似排球场，中间挂网（男子网高1.60m，女子网高1.50m）。两项团体赛每方各3人，每局15分，决胜局为每球得分制。比赛时运动员用脚踢球，不得用手、臂触球，在本方场区内最多只能击4次球。花毽即花样踢毽，分规定动作赛和自选动作赛两项。规定动作有盘踢、磕踢、落、上头、交踢6个套路；自选动作则由运动员即兴发挥，花样更繁难度更高。

1933年10月举行的全国体育运动会上，踢毽子同拳术、摔跤、弹弓、剑术等民间运动项目一起进行了比赛。1963年，踢毽子同跳绳等，被列入国家提倡开展的体育活动，踢毽子运动还被编入了小学体育教材。1984年，原国家体委将毽球列为正式比赛项目，并组织了全国毽球邀请赛。在政府和体育部门的倡导下，毽球运动在北京、湖北、山东、广东、上海、陕西、河南、山西及东北各省广泛开展，各地相继组织了各种类型的毽球比赛，越来越多的人民群众参加到了这项活动之中，充分显示了毽球运动的强大生命力。

二、毽球练习的注意事项

毽球是一种对身体素质要求比较高的体育项目。由于网上激烈地争夺及"两米线"对头部的限制，使得脚部进攻成为极其重要的手段。所以对身体柔韧性素质要求特别高。因此在日常教学与训练中要特别注意柔韧性素质的练习。柔韧素质是运动员完成大幅度动作的能力，也是肌肉、肌腱、韧带的弹性和伸展性。柔韧性好，有利于运动员正确掌握技术动作，大幅度完成进攻技术动作，并可防止运动员损伤。

第二节 基本技术与练习方法

一、准备姿势及练习方法

1. 平行站立法

动作要领：两脚左右开立，比肩略宽，两脚几乎站在同一条直线上，两脚尖内收成内八字，脚跟稍提起，脚掌内侧着地，两膝稍弯曲，重心置于两腿之间，上体放松稍前倾，两臂自然屈于体侧，保持待动状态，目视来球。重点在于两脚掌内侧用力着地，重心下降，两膝内扣；难点在于身体随时保持待动状态。

2. 前后站立法

动作要领：两脚前后分开站立，支撑脚在前，两脚稍内扣，用脚内侧用力，后脚跟稍提起，两膝稍弯曲，重心稍前移下降，两臂自然屈于体侧，保持待动状态，目视来球。重点在于两脚掌着地，重心落在前脚；难点在于身体随时保持待动状态。

3. 准备姿势练习方法

（1）根据上述动作要领反复进行准备姿势练习。
（2）看教师手势或听教师口令快速做出正确准备姿势。
（3）两人或多人一组互帮互练反复进行准备姿势练习。

二、移动技术及练习方法

1. 前上步

前上步或斜前上步时，踢球脚蹬地，支撑脚向前或者斜前上方迈出一步，踢球脚做好踢球时准备姿势。

2. 后撤步

后撤时支撑脚向后蹬地，重心后移，同时踢球脚向后迈出一步，支撑脚跟上成踢球准备姿势。

3. 左右滑步

平行站立时，左（右）脚用力侧蹬，重心侧移，同时右（左）脚向右（左）侧迈出，左（右）脚迅速地跟上，可连续滑步。

4. 并步

前并步时，右（左）脚向前蹬，重心前移，左（右）脚向前迈出一步，同时右（左）脚跟上并步，准备接球或起跳。左（右）并步时，右（左）脚向左（右）侧蹬地，重心向左（右）移，左（右）脚向左（右）侧迈出一步，右（左）脚并步跟上成准备姿势。

5. 交叉步

向右（左）交叉步移动时，左（右）脚向右（左）侧蹬地，把身体重心移到右（左）脚，左（右）脚从右（左）脚前往右（左）侧交叉迈出，同时右（左）脚向外侧蹬地，从左（右）脚后侧迈出，成踢球准备姿势。

6. 跨步

支撑脚用力向前或者斜前方蹬地，重心前移，踢球脚跨出成救球姿势。

7. 转体上步

左（右）转体时，以右（左）脚为轴，左（右）脚向后蹬地，重心下降稍后移，以髋带动身体向左（右）转体90°~180°，成踢球准备姿势。

8. 跑动步

是在来球离身体较远，运用以上移动步法都不能很快接近来球时所采用的一种移动形式；跑动时两臂应用力摆动，以加快速度，争取用最快的速度接近球的落点，然后重心稍下降成踢球准备姿势。

三、发球技术及练习方法

发球既是比赛的开始又是一项进攻技术，既可以直接得分又能破坏对方一传，也为防守和反击创造有利条件；发球的时候可以采用盯人、找空、压后、吊前等手段，发出各种战术球，以达到破坏对方组织进攻或直接得分的目的。发球的方法一般有：脚内侧发球、脚正面发球和凌空发球3种。

1. 脚内侧发球

身体和球网约呈45度角站立，左脚在前与端线成45度角，右脚在后与端线平行站立，膝关节微屈；左手将球垂直抛起于体前，距离身体约一臂远，身体重心前移至左脚上，右腿以髋关节为轴，屈膝外转，脚掌与地面平行，小腿迅速前摆，用脚内侧将球击出。重点：毽球与脚内侧接触的部位；难点：全身协调用力。

2. 脚正面发球

身体面对网站立，左脚在前右脚在后，两膝微屈，上体稍前倾，重心落在两脚间，左手持球于腹前；左手将球垂直抛起于体前，距离身体约一臂远，抛球的同时，重心前移到左脚上，右脚迅速蹬地，小腿后屈，尽量靠近大腿，击球刹那间，小腿迅速前摆，脚面绷直，用脚背正面将球击出。

重点：毽球与脚背正面接触的部位。

难点：全身协调用力。

3. 凌空发球

身体侧对出球方向，左脚尖指向出球方向，左手持球于体前，距离身体约一臂远，将球向上抛起，球要高过头顶，当球下落到大约肩部高度时，右腿迅速抬起，大腿带动小腿快速摆动，脚面绷直，用脚正面将球击出；击球后身体随即转向出球方向，保持身体平衡。重点：毽球与脚面接触的部位；难点：击球时机与全身协调用力。

四、触球技术及练习方法

触球一般是指用膝关节以上部位接触球的动作。触球的方法有：腿部触球、腹部触球、胸部触球、肩部触球和头部触球5种。

1. 腿部触球

左脚支撑身体，右腿屈膝，大腿带动小腿上提，当球下落到髋部附近时，用膝关节以上大腿前部接触球，将球弹起。

重点：毽球与大腿接触的部位。

难点：大腿触球的时机与用力。

2. 腹部触球

身体对准来球，两腿屈膝，上体稍后仰，稍含胸收腹，当腹部接触球的刹那间稍挺腹将球轻轻弹出。

重点：触球前的收腹与屈髋动作。

难点：挺髋与收腹的时机。

3. 胸部触球

两脚前后或左右站立，身体正对来球，两膝微屈，上体稍后仰，当球距胸前约10cm时，两臂自然微屈，两肩稍用力向后拉，接触球地刹那间挺胸，两脚蹬地，用胸部将球弹起。

重点：毽球与胸部接触的部位。

难点：毽球与身体接触的时机。

4. 肩部触球

两脚前后或左右站立，身体正对来球，两膝微屈，上体稍后仰，当球距肩部约10cm时，两臂自然微屈，两肩稍用力向后拉、前摆，用肩部将球弹起。

重点：毽球与肩部接触的部位。

难点：全身协调配合。

5. 头部触球

两脚前后或左右站立，身体正对来球，两膝微屈，上体稍后仰，当球距头部前方约10cm

时，两脚蹬地，收腹屈体，向前摆头，用前额正面将球弹起。

重点：毽球与前额接触的部位。

难点：毽球与前额接触的时机。

五、进攻技术及练习方法

进攻是得分的主要手段，是决定比赛胜负的关键。进攻技术一般有倒钩攻球、脚踏攻球和头部攻球。

（一）倒钩攻球

倒钩攻球有正倒钩攻球、外侧倒钩攻球和内侧倒钩攻球3种技术。

1. 正倒钩攻球

背向网平行站立，右腿蹬地起跳，左腿屈膝上摆，摆到最高点时，左腿迅速下摆，同时右腿屈膝，大腿带动小腿用力上摆，当球下落到头的前上方时，小腿快速用力摆动，击球瞬间，脚腕抖屈，用脚趾跟部以上部位将球击过网，两腿顺势依次缓冲着地，保持身体平衡。

重点：毽球与脚接触的部位。

难点：击球时机与全身协调配合。

2. 外侧倒钩球

背向网平行站立，右腿蹬地起跳，左腿屈膝上摆，摆到最高点时，左腿迅速下摆，同时右腿屈膝，大腿带动小腿用力上摆，当球下落到头的前上方时，小腿快速用力摆动，击球瞬间，右腿向外侧摆动，同时脚腕抖屈，用脚趾跟部以上部位将球在身体外侧击过网，两腿顺势依次缓冲着地，保持身体平衡。

重点：右腿向外侧摆动。

难点：击球时机与全身协调配合

3. 内侧倒钩球

背向网平行站立，右腿蹬地起跳，左腿屈膝上摆，摆到最高点时，左腿迅速下摆，同时右腿屈膝，大腿带动小腿用力向内侧斜前上方摆动，当球下落到头的斜前上方时，小腿快速用力摆动，击球瞬间，脚腕内翻抖屈，用脚趾跟部以上部位将球在身体内侧击过网，两腿顺势依次缓冲着地，保持身体平衡。

重点：右腿向内侧斜前上方摆动。

难点：击球时机与全身协调配合。

（二）脚踏攻球

脚踏攻球分为直腿脚踏攻球和屈腿脚踏攻球两种。

1. 直腿脚踏攻球

面向网站立，左脚向前迈出一步支撑身体或跳起腾空，右腿迅速上摆，当球下落到前下方时，击球瞬间展髋、展腹，脚面绷直，扣脚趾，快速收小腿，用前脚掌将球击过网。

重点：毽球与脚掌接触的部位以及快速收小腿动作。

难点：击球时机与全身协调配合。

2. 屈腿脚踏攻球

面向网站立，左脚向前迈出一步支撑身体或跳起腾空，右腿迅速上摆，当球下落到前下方时，击球瞬间大腿带动小腿加速上摆，踝关节放松，小腿带动脚掌快速向下做鞭打动作将球击过网。

重点：击球时的鞭打动作。
难点：击球时机与全身协调配合。

（三）头攻球

随着规则的改变，用头攻球的机会也随之减少，其进攻的威力远远小于倒钩攻球和脚踏攻球，所以现在只在一般接球时使用。要求身体正对来球，在限制线后原地或者跳起，身体后仰成反弓，当球下落到头的前上方时，收腹屈体，上体快速前摆，用头将球击过网。

重点：毽球与前额接触的部位。
难点：击球时机与全身协调配合。

六、防守技术及练习方法

防守是毽球比赛中反攻的重要环节，掌握好此项技术能在比赛中限制对方的进攻，创造反击得分的机会。防守技术一般有：无人拦网、单人拦网和双人拦网。

1. 无人拦网

对方进攻的来球点离网较远，3人防守时可以站成"马蹄"形，根据对方进攻方式的变化来判断对方攻球的方向；2、3号位队员防守网前球，1号位队员防守后排球。

重点：判断攻球路线。
难点：步法移动及整体配合。

2. 单人拦网

面向球网距球网约20cm，双脚平行站立，与肩同宽，稍屈膝，重心落在两脚间，收腹，上体稍前倾，两臂自然屈于体侧，注视来球，准备起跳拦网。当对方攻球时，两脚用力蹬地跳起，两臂收拢自然下垂于体侧，提腰、收腹、挺胸堵击球，击球后身体下落，两脚掌先着地，屈膝缓冲，衔接下一个动作。

重点：收腹挺胸。
难点：起跳时机。

3. 双人拦网

判断好对方击球点，双人在网前滑步选准站位，同时起跳、提腰、收腹、挺胸堵击球，击球后身体下落，两脚掌先着地，屈膝缓冲，衔接下一个动作。

重点：起跳时机。
难点：拦正面和挡侧面。

七、毽球基本战术及练习方法

毽球战术就是毽球各项基本技术在比赛中的综合运用。它是场上双方根据自身的具体情况所采取的有目的进攻或防守的集体配合。毽球基本战术包括：进攻战术和防守战术两种。

1. 进攻战术

在确定一个队的基本进攻战术时，首先要根据本方队员的具体情况、具体技术特点进行合理恰当地阵容配备。一般有："一、二"配备、"二、一"配备和"三、三"配备。

（1）"一、二"配备。就是场上3名队员中有1名主攻手和2名传球手的组合形式。它是最基本的阵容配备，适用于最初阶段的比赛战术。

（2）"二、一"配备。就是场上3名队员中有1名主攻手、1名副攻手和1名传球手的组合形式。这种阵容适用于场上有勾球手、踏球手各1人以及1名二传手的阵容。

（3）"三、三"配备。就是场上3名队员都能攻球又能传球的组合形式。这种阵容配备是最先进的进攻战术配备，是现在国内众多高水平队伍都采用的一种阵容配备。

2. 防守战术

防守战术首先应根据场上对方进攻战术的不同特点，结合本队的具体情况，制定的基本防守战术阵型，它有以下3种。

（1）"马蹄"形防守。就是3名队员在场上成"马蹄"形站位防守。

（2）"一拦二防"。就是场上3名防守队员中，有1名队员在网前拦网，另2名队员在他身后两侧站位防守。

（3）"二拦一防"。就是场上3名防守队员中，有2名队员在网前拦网，另1名队员在中间后方站位防守。

毽球基本战术实际就是攻防双方在技术上、心理上利用各自的基本技术，根据临场的具体情况，不断组成制约与反制约的攻防对抗。可以说，强有力的进攻就是防守，而有效的防守也是进攻。二者既可互为依存条件，又可互为转化条件，可谓是瞬间万变，关键在于能否及时、准确地分析出对方的强、弱之处，组织起各种多变的攻防战术，发挥自己的长处，攻击对方的短处。所谓"知己知彼，百战不殆"之所以成为放之四海而皆准的兵家格言，其道理就在于此。

第三篇
休闲时尚运动

第十一章
瑜伽

课程资源
扫码即可观看

第一节　瑜伽运动概述

一、瑜伽运动的起源与发展

瑜伽据资料记载起源于印度。瑜伽一词本意是"结合、和谐",也就是说通过瑜伽练习达到大脑活动和身体机能的和谐统一。瑜伽可以使无休止的精神获得静止,使人体能量得到有益的导向。现代人练习瑜伽,更看重身体的健康和形体的塑造,在修习的过程中可以净化心灵。

二、瑜伽运动的分类

（1）哈他瑜伽——以呼吸和姿势锻炼为主的瑜伽体系。
（2）八支分法瑜伽——由姿势锻炼、呼吸、冥想等八部分组成的瑜伽体系。
（3）智瑜伽——探讨真与非真、恒长与暂时、生命力与物质等问题。
（4）瑜伽语音冥想——是意守瑜伽语音的体系。

三、瑜伽运动六项基本要素

1. 呼吸

呼吸是生命之源,通过特有的呼吸方法按摩内脏、调节内分泌、提高淋巴系统的排毒功能。徐缓地控制呼吸可以放松身体,同时人的心情也会放松,进入平静祥和的状态,达到身心和谐统一的境界。

2. 体位法

古时的瑜伽修行者,通过观察动物的活动进行模仿,如蛇式、兔式,由此发展而成。还有一些体位法是瑜伽修行者自行体验创造出来的,如肩立式、扭转式等。

瑜伽体位法主要是由一些扭转、弯曲、伸展、倒立的舒缓动作及调整动作间的止息时间,刺激腺体、按摩内脏,从而达到祛病养生、健美塑形,全面调节人体新陈代谢,提高免疫力,促进消化,排除体内毒素等功效。

3. 冥想

冥想一般指沉思或反省自我,要把注意力集中在当前时刻,能使人进入平静的情绪状态,促使精神放松。

4. 放松

不需大脑保持警觉,与睡眠十分接近,持续放松就会进入睡眠状态。

5. 健康的饮食习惯

应进食有益于健康的食品：如水果、蔬菜、豆制品、奶制品等。

6. 正确的思维

参与瑜伽运动在静坐中进入最深层次时，就会觉悟人生，得到开悟和愉悦。

四、瑜伽的作用

坚持参与瑜伽运动可以使肌肉延展、预防伤害；使脊椎远离病痛；使关节更灵活；使血液循环更顺畅。

第二节　瑜伽姿势

1. 顶峰式

（1）动作方法（图11-1）：跪立，臀部放在两脚脚跟上，脊柱挺直。两手放在地上，抬高臀部，两手两膝着地跪下。吸气，伸直两腿，

图11-1

将臀部升高。双臂和背部形成一条直线，头部处于两臂之间。整个身体呈三角形。正常呼吸，保持这个姿势约1min。呼气，回到两手两膝着地的跪姿。重复6次。

（2）练习功效：这是一个强身效能显著的姿势。可以消除疲劳，帮助恢复精力，使心跳速率减慢，伸展和加强腘绳肌、小腿肌肉、双踝和跟腱，消除脚跟疼痛和僵硬感，软化跟骨刺，强壮坐骨神经，这个姿势也有利于消除肩关节疼痛。

（3）提示：患有高血压和眩晕病时应向医生咨询是否适宜做此练习。

2. 蹲式

（1）动作方法（图11-2）：挺身直立，在感到舒适的情况下将两脚分开，两脚趾指向外侧。两手十指相交，两臂放松下垂。弯曲双膝，慢慢将身躯降低，降低约20cm之后，伸直双腿，恢复挺身直立的姿势。再次弯曲双膝，下降身躯，比第一次略低一些，伸直两腿，恢复挺身直立的姿势。再次弯曲双膝，把身躯降低到两大腿与地面平行，恢复挺身直立的姿势。把身躯降低到两手略微高于地面。恢复挺身直立的姿势，放松休息。身体降低时，呼气；身体升起时，吸气。重复练习6~12次。

（2）练习功效：此动作可强化双踝、双膝、两大腿内侧和子宫肌肉。对于孕妇以及慢跑运动员和其他运动员，这是一个很好的练习。

图11-2

3. 敬礼式

（1）动作方法（图11-3）：两膝分开蹲下，两脚平放于地面。双掌合十，用两肘推两膝的内侧。吸气，向后伸展脖颈，两眼向上看，把两肘再向外推，借此尽量将两膝向外伸展。保持这个姿势6s。然后呼气，两臂向前方伸直，两掌仍合十，把两膝尽量向内侧收，互相靠拢。上身躯干向前下方弯。保持这个姿势几秒钟。在练习的全过程中，臀部不着地。把以上顺序反过来，回复蹲立的姿势。至少重复12次。

（2）练习功效：可改进练习者的体态和平衡感，使颈项得到伸展，对双肩、双臂、两腿和两膝等处的神经有益。

图11-3

4. 下半身摇动式

（1）动作方法（图11-4）：两腿伸直仰卧。屈膝收腿，两大腿尽量收近胸部。十指相交，放在头部后。一边保持两肘平贴地面，一边让你的身体向左右两侧摇动，即从一侧向另一侧摇动。至少做12次完全的摇动动作。

（2）练习功效：这个练习对背部和肩膀有很好的按摩效果，还可促进血液循环。

图11-4

5. 船式

（1）动作方法（图11-5）：两腿伸直仰卧。两臂平放体侧，掌心向下。吸气，同时将头部、上身、两腿和双臂抬起，离开地面。脚趾和头部离地面约20～30cm。双臂向前伸直并与地面平行。一边蓄气不呼，一边尽量长久地保持这个姿势，但以不勉强费力为限，缓慢地将双腿和躯干放回地面，慢慢呼气，放松全身。重复练习6次，休息几分钟，然后按略有变化的做法再做6次：当保持躯体从地面抬高时，握紧双拳，使全身肌肉紧张。然后呼气，全身完全放松。

（2）练习功效：可促进肠道蠕动，改善消化功能，帮助消除肠胃中的寄生虫，也具有放松身体肌肉和关节的效果，可以缓解紧张情绪。

图11-5

6. 虎式

（1）动作方法（图11-6）：开始时跪姿，两手放在地面上，抬高臀部，做出爬行的姿势。两眼向前直视，吸气，左腿向后伸展，蓄气不呼，弯曲左膝。呼气，把屈膝的腿放回髋部下面，贴胸部。保持脚趾略高于地面，两眼向下看，脊柱弯成拱形，再把左腿向后方伸展，重做这个练习。每条腿做6次。

（2）练习功效：虎式有助于使脊柱得到伸展，强壮脊柱神经和坐骨神经。减少髋部和大腿区域的脂肪。

图11-6

7. 简化脊柱扭动式

（1）动作方法（图11-7）：两腿向前伸直，成直角坐。两手平放地面。把右脚放置在左膝的外侧，并把右手掌放在右脚跟处，左手放在臀部的后方，手指指向后方。吸气，尽量把头转向左后方，从而扭动脊柱。蓄气不呼，保持这个姿势若干秒。呼气，躯干转回原位，这是一次扭动。每边做6次。

（2）练习功效：伸展脊柱，有助于消除较轻的背痛。

图11-7

8. 转躯触趾式

（1）动作方法：（图11-8）：两腿向前伸直坐下。将两腿分开，两臂向两侧平伸。两臂夹角90°～120°，在动作中两腿之间的夹角与两臂之间的夹角保持不变。将上身躯干转向左侧，右手触及左脚，将头部转向左侧，两眼注视左手的手指尖。反方向做同样的动作，重复练习15～20次（左、右合计为一次）。

注意：开始时可以慢慢练习，渐渐试着提高速度。熟练之后，可试着越来越宽地分开两腿，但不要弯曲膝部，也不要过分勉强用力。

（2）练习功效：这个练习可按摩腹部脏器，放松两肩关节和脊柱，伸展腿部肌肉。

图11-8

9. 双腿背部伸展式

（1）动作方法（图11-9）：挺直上身坐姿，两腿并拢。向前平伸双臂，两手并拢，两肩向后收，慢慢吸气，将双臂高举过头部，保持双臂高于头部，慢慢向前弯，边做边呼气。在向前弯时，尽量长久地保持脊柱伸直。尽可能舒适地向前弯下来时，两手尽量伸远，使头尽量接近双膝。闭上双眼，将注意力集中在两眉之间的一点上。

（2）练习功效：这个动作可以使整个背部得到伸展，强化脊柱，使肩膀、双臂、两腿的肌肉群得到伸展，腹部脏器受到挤压，从而改进消化与排泄。

图11-9

10. 坐角式

（1）动作方法（图11-10）：两腿向前伸直坐在地上。在不感到过于用力的情况下，尽量宽阔地分开两腿。在整个练习过程中，要保持两腿伸直，大腿和小腿平贴地面。两手大拇指和食指分别抓住两个大脚趾。尽量伸直脊柱，将两侧的肋骨向外阔张，保持这个姿势5~15s。用两手抓住左脚，呼气，把下巴落在左膝上。吸气，抬起上身，改换右腿来做同样的练习。回复到起始姿势，放松休息。

（2）练习功效：这个姿势可以促进骨盆区域的血液循环，有助于预防疝气；还可以放松髋部，有助于减轻坐骨神经痛；有助于调整月经，使之规律化。

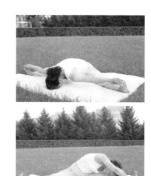

图11-10

11. 叩首式

（1）动作方法（图11-11）：臀部放在两脚脚跟上跪坐，脊柱伸直。两手抓小腿肚。呼气，上身向前弯曲，把前额放在地面上。抬起臀部，让头顶落地，两大腿垂直地面。正常呼吸，保持10~15s。回复到原来的跪坐姿势。重复10次。

（2）练习功效：这个姿势帮助人们做好准备去做头倒立式。它逐步增加头部的血液流量，使脑部慢慢适应增大了的血压，练习效果和头倒立式相似，幅度更小。

（3）提示：患有高血压或易眩晕的人不要练习这个姿势。

图11-11

12. 直角式

（1）动作方法（图11-12）：两脚靠拢站立，两臂靠体侧下垂。两手十指相交紧握，高举过头。抬头，呼气，向前倾，直到背部和双腿形成直角。在此期间，呼吸要正常，保持这个姿势6~12s，回复直立姿势。重复12次。

（2）练习功效：这个练习有助于纠正驼背、脊柱弯曲和双肩下垂，也可消除紧张。

图11-12

13. 双角式

（1）动作方法（图11-13）：两脚微微分开，挺身直立，两手垂于体侧。吸气，两手身后十指相交。呼气，上身自腰起向前弯，尽量把两臂向头的上方和后方伸展。一边保持这个姿势，一边垂下头。保持这个姿势20s或更久。渐渐回复到基本站立式。重复3~5次。

变化动作：当做到最后姿势，可以不让头下垂，而抬头向上望。垂头和抬头交替做对颈部的肌肉有很好的锻炼作用。

（2）练习功效：可以伸展两腿和手臂的肌肉。

图11-13

14. 眼镜蛇式

（1）动作方法（图11-14）：练习开始时俯卧，双手贴在身旁。两腿并拢，一边脸颊着地，全身放松。转动头部，让前额靠在地面上。张开双眼，眼珠向上翻，慢慢把头翘起，然后，发挥背部肌肉的作用，把双肩和躯干逐步抬高，尽可能向后翘，动作的过程中慢慢吸气。然后，把两手置于双肩之下慢慢推起上身。头部向后翘，肚脐尽可能贴紧地面。当达到了动作的最大限度时，放松，保持7~12s，这时要蓄气不呼。

（2）练习功效：这个动作会使脊柱保持一种富有弹性的健康状态，并有助于治疗各种背痛和比较轻微的脊柱损伤。

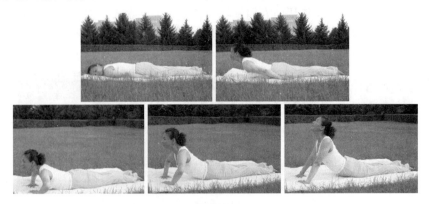

图11-14

15. 人面狮身式

（1）动作方法（图11-15）：额头贴地，俯卧在地面上，两腿伸直。屈肘，两手掌心放在头部两侧。做两三次呼吸，放松全身。然后吸气，保持两前臂平放地面，慢慢把头和胸部抬高，上臂应垂直于地面，头部要尽量向后方昂起。正常呼吸，保持这个姿势15～30s。呼气，还原。重复做3次。

（2）练习功效：这个动作会使脊柱保持一种富有弹性的健康状态，并有助于治疗各种背痛和比较轻微的脊柱损伤。功效略小于眼镜蛇式。

图11-15

16. 前伸展式

（1）动作方法（图11-16）：两腿向前伸直坐在地面上。上身躯干向后倾，同时两掌移向两髋的后方，十指指向两脚。弯曲双膝，把两脚平放在地面上。边呼气，边轻柔地将臀部升离地面。然后，将两脚向前移，从而两膝变成伸直状态。两臂垂直于地面（身体重量落在两臂、两脚之上），头向上。正常呼吸，保持这个姿势10～30s。呼气，慢慢把身体回到起始的姿势。

（2）练习功效：这个姿势有助于消除疲劳，有助于加强骨盆灵活性，放松肩关节。

图11-16

17. 半蝗虫式

（1）动作方法（图11-17）：双手放在体侧俯卧。面部主要以双唇至下巴尖之间的部位落地上。两手握成拳。深深吸气，用两拳向下按，尽量把左脚抬高。右脚应向地面用力抵住，使左腿升得更高，蓄气不呼。开始时，保持这个姿势约5s，以后逐步延长至30s。慢慢把左脚放回地面，这时不要从这个姿势一下垮下来，要蓄气不呼，直到左腿完全落在地面为止。呼气，放松。反方向重复同一个练习。

图11-17

（2）练习功效：这个练习可增加脊柱区域的血流供应，可消除腰骶部的疼痛。

18. 三角伸展式

（1）动作方法（图11-18）：直立，两脚宽阔地分开。脚尖向外。两臂向两侧平伸，与地面平行。呼气，在弯腰过程中要保持两臂与躯干成90°角。当向侧边弯腰时，要避免腰部以上躯干同时向前弯曲。尽量向侧边弯曲，然后保持这个姿势，数1～10，舒适地呼吸。吸气，慢慢还原。反方向重复同一个练习。左右每边各做5次。

（2）练习功效：虽然三角伸展式做起来非常简单，但深受瑜伽练习者喜欢，这是为数不多的、脊骨向两侧而不是向前或后方弯曲的瑜伽姿势，可以增加全身的柔软性和灵活性。

（3）提示：女性在怀孕六个月之后不应再练习这个姿势。

19. 树式

（1）动作方法（图11-19）：两脚并拢直立，两手掌心向内。左脚跟提，左脚尖向下，把左脚放稳在右大腿上。一边用右腿平衡全身站着，一边双掌合十，两臂伸直，高举过头。深深吸气，保持这个姿势30~60s。然后，将合十的双掌收至胸部便分开，还原。反方向重复动作。

图11-18

（2）练习功效：这个练习可以强化腿部、背部和胸部的肌肉。

图11-19

20. 战士第二式

（1）动作方法（图11-20）：先基本站立。深深吸气，两脚分开。两臂向两侧平举，左膝挺直，右脚向左转90°，右脚则向同一方向转15°~30°。屈左膝，直至大腿与地面平行，小腿垂直于地面。头向左方转，两眼注视左手指尖。保持这个姿势约30s。反方向重复全部练习。

（2）练习功效：这个练习可使大小腿肌肉变柔韧，并消除这个区域可能已经形成的痉挛现象。

图11-20

21. 幻椅式

（1）动作方法（图11-21）：将两臂伸直高举头上，双掌合十。呼气，屈膝，放低躯干，两大腿应与地面几乎平行，胸部尽量向后收。正常呼吸，保持这个姿势30s。然后，吸气，放下两臂，回复基本站立式。

（2）练习功效：这个练习可使两腿更强健，增进体态平衡稳定，并矫正不良姿势。

22. 犁式

（1）动作方法（图11-22）：平直仰卧，两腿放松伸直，两脚并拢。两手平靠体侧，掌心向下。以这姿势放松至少15～20s。吸气，一边保持两腿并拢、两膝伸直，一边两掌轻轻用力向下按，使两腿举起。当两腿上升至与躯干垂直之后，呼气，并继续将两腿向后摆至两脚伸过头后。还原时要确保头部不离开地面，以免破坏动作的连贯性。

图11-21

（2）练习功效：犁式是习瑜伽者所喜爱的姿势之一，不仅仅使背部，而且使整个身体都能得以伸展。

图11-22

23. 倒箭式

（1）动作方法（图11-23）：两手置于体侧仰卧，慢慢举起双腿直到垂直于地面为止。升起上身躯干，同时两肘稳靠地面，两手放在两髋处支撑身体。上身躯干应保持与地面大约成45°角，双腿要伸直。保持这个姿势，放松，呼吸要正常。还原时轻轻将两脚放低，慢慢把躯干放下来。

（2）练习功效：这个练习可以调节血液循环，调整不正常的血压。

图11-23

第三节　瑜伽运动注意事项

一、瑜伽呼吸法

呼吸方式可以反映出人的情绪、情感。当人紧张、焦虑、气愤时，呼吸变得短促和混乱；当人抑郁、悲伤、痛苦时呼吸会变得表浅、虚弱而没有规律。瑜伽认为充分有效的呼吸可以洗涤、调养我们的身体，吸气时有充足的氧气进入肺部增强身体活力；呼气时体内废气会随之排出。有意识控制呼吸，让呼吸变得更加均匀、顺畅，会让我们感觉头脑灵活，体力充沛。

1. 完全呼吸法

完全呼吸法同普遍呼吸法的区别在于先呼后吸，练习要领是先呼气，呼气时专心致志，节奏均匀，慢慢向小腹施力，腹部受压会逐渐向内收紧，直到有肚皮几乎贴到背部的感觉，这样才能最大限度对内脏进行按摩；吸气时，肩膀不要用力，上半身尽量放松。若肩膀用力，则会不由自主地向上半身施力，力量就不会用在真正需要用力的下腹部。完全呼吸法作用于腹部和内脏，故又称为"内脏体操"。

2. 完全呼吸法功效

（1）能给大脑与身体器官补充更多氧气，增加身体能量，帮助身体消耗脂肪，排出毒素。
（2）能消除肌肉、内脏的疲劳，能为肌肉输送更多的营养和氧气。
（3）能增强消化系统的功能和心脏功能，提高人体免疫力。

二、瑜伽冥想

瑜伽语音冥想是一种将人从忧虑、欲念、精神负担中引离的特殊语言。

1. 简易坐（图11-24）

（1）动作方法：坐在地上，双腿交叉，左脚压在右腿下方，右脚压在左腿下方。把双手放在两膝之上。头、颈和躯干都应该保持在一条直线上。
（2）练习功效：加强两髋、两膝、两踝的肌肉力量，减轻关节疼痛。

图11-24

2. 雷电坐（金刚坐，图11-25）

（1）动作方法：两膝盖跪在地上，两小腿和脚背贴在地面上。两膝靠拢，两大脚趾相互交叉。伸直背部，将臀部落到两个分离的脚跟之间。
（2）动作提示：动作非常简单易做，初次练习时会觉得两个脚趾相互交叉有点困难，多练习即可。
（3）练习功效：可以在饭后15min后做，不仅能够促进消化，还可以治疗胃酸过多。

图11-25

3. 至善坐（图11-26）

（1）动作方法：坐在地上，弯曲左小腿，左脚的脚跟顶住会阴，然后弯曲右小腿，右脚跟靠近耻骨，背、颈、头保持直立。
（2）练习功效：有镇定安神的效果，适宜用来做呼吸练习。

4. 半莲花坐（图11-27）

（1）动作方法：坐于地面，弯曲左小腿并让左脚脚板底顶住右大腿内侧；弯曲右小腿并把右脚放在左大腿上面；头、颈和躯干保持在一条直线上。
（2）练习功效：这个姿势有利于直身端坐，使呼吸系统毫不受阻，适宜于做呼吸练习和冥想。

图11-26

图11-27

三、练习瑜伽的认识误区

1. 误区一：只有身体柔软的人才适合练习瑜伽

因为练习瑜伽，身体才变得柔软，而非身体柔软的人才适合练习瑜伽。瑜伽讲求适度即可，并不追求动作完成的幅度大小，只要练习者尽力而为便可收到理想的效果。

2. 误区二：瑜伽就是一种减肥运动

瑜伽练习的最终目的是身（身体），心（思维、情绪等），灵（感知事物的本能）三者的平衡，因此练习者不仅获得了身体的健康，还获得了心理的健康，把瑜伽认为是一种减肥运动的观点是不完全的，减肥只是练习瑜伽的效果之一。

3. 误区三：瑜伽是一种女性化的运动

瑜伽虽然在女性群体中比较受欢迎，但瑜伽并非女性的专利。因为，瑜伽最初的练习者很多都是男性，在很多国家，男性练习瑜伽的普及程度甚至高于女性。

4. 误区四：瑜伽需要团体练习才有氛围

团体练习固然有氛围，但瑜伽本质上是一种自我修习的方式，在自我练习的过程中更容易全身心投入。

5. 误区五：瑜伽就像柔术或舞蹈

瑜伽同柔术、舞蹈的练习方法不同。柔术和舞蹈是以表演为主要目的的，而瑜伽中需要体位、呼吸、冥想、放松等多种技法的配合。

6. 误区六：练习瑜伽是一件痛苦的事

瑜伽并不累人，相反它可以解除疲劳，焕发精神，其舒适感觉非其他方式所能获得，需要长期的坚持。

第十二章 健美操

课程资源
扫码即可观看

第一节 健美操运动概述

一、健美操运动概念

健美操是在音乐伴奏下，以身体练习为基本手段，以有氧运动为基础，达到增进健康、塑造形体的一项体育运动。健美操通常采用徒手或轻器械的方式进行练习，是在氧供应充足的情况下，以人体有氧系统提供能量的一种运动形式，其运动特征是持续一定时间的、中低强度的全身性运动。主要锻炼练习者的心肺功能。

健美操运动从影响人体健康的角度来说，具有良好的作用，尤其是对于控制体重、减肥和改善体形、体态，提高协调性和韵律感具有良好的效果。在长期的实践过程中，健美操已从一项单纯的健身运动逐步发展成为一项独立的体育竞赛项目，在运动形式、动作技术特征以及竞赛组织方法等方面有其自身特点。

虽然健美操运动发展历史不长，但已深受广大群众的喜爱。健美操不仅突出动作"健"和"力"的特点，而且更强调"美"。将人体语言艺术和体育美学融为一体，使健美操成为一个极具观赏性的体育运动项目。

二、健美操运动的分类

按照目的、任务和惯例，健美操运动分为健身性健美操和竞技性健美操两大类（见表12-1）。

表12-1　健美操运动的分类

健身性健美操			竞技性健美操
徒手健美操	轻器械健美操	特殊场地健美操	
一般健美操	踏板操	水中健美操	男子单人
拳击健美操	哑铃操	固定器械健美操	女子单人
搏击操	杠铃操	功率自行车	混合双人
瑜伽健美操	橡皮筋操		三人
拉丁健美操	健美球操		混合六人
街舞健美操			

1. 健身性健美操

健身性健美操练习的主要目的是"锻炼身体、保持健康"。健身性健美操的动作简单，实用性强，音乐速度也较慢，且为了保证一定的运动负荷和锻炼的全面性，动作多有重复，并均以对称的形式出现。健身性健美操的练习时间可长可短，在练习的要求上也可以根据个体情况而变化，严格遵循"健康、安全"的原则，防止运动损伤的出现，在保证安全的基础上，达到锻炼身体的目的。健身性健美操按练习形式可分为徒手健美操、轻器械健美操和特殊场地健美操三大类。

2. 竞技性健美操

竞技性健美操是在健身性健美操的基础上发展产生的。目前世界上较为公认的竞技性健美操的定义是"竞技性健美操是在音乐伴奏下，完成连续复杂和高难度动作的能力。"该项目起源于传统的有氧健身舞。竞技性健美操以成套动作为表现形式，在成套动作中必须展示连续的动作组合、柔韧性、力量与七种基本步伐的综合使用。竞技性健美操的主要目的是"竞赛"。竞技性健美操在参赛人数、比赛场地和成套动作的时间等方面都必须严格按照规则进行。

由于竞赛的主要目的就是取胜，因此在动作设计上更加多样化，并严格避免重复性动作和对称性动作。近年来，运动员为争取好成绩，均在比赛的成套动作中加入了大量的难度动作，如：各种大跳成俯撑、空中转体成俯撑等，这样对运动员的体能、技术水平和表现力等都提出了更高的要求。

第二节 健美操基本动作

健美操基本动作主要来源是有氧操，有氧操基本动作是由基本步伐和上肢动作两部分组成的，其中基本步伐是组成动作组合的最小单位。在编排动作时我们可以在基本步伐的基础上进行变化，从而形成一个相对复杂的动作组合。

一、基本步伐

（1）交替类：两脚始终做依次交替落地的动作。
（2）迈步类：一条腿先迈出一步，重心移到这条腿上，另一腿用脚跟、脚尖点地或吸腿、屈腿、踢腿等，然后向另一个方向迈步的动作。
（3）点地类：一腿屈膝站立，另一腿伸直，用脚尖或脚跟点地后还原到并腿位置的动作。
（4）抬腿类：一腿站立，另一腿抬起的动作。
（5）双腿类：双腿站立、身体重心在两腿之间的动作。

以下所介绍的动作均为最常用的基本动作，练习者可以在此基础上发展、创造出具有自己风格的独特动作。

二、常用上肢动作

在完成基本动作时加入不同的手臂动作就会使动作变得丰富，或改变动作的强度和难度。健美操的手臂动作除了自然摆动和一些舞蹈动作外，主要是模仿上肢力量练习。这样做的目的是使动作美观，又使练习更加有效。

1. 常用手型

（1）掌形：五指伸直并拢。
（2）拳形：握拳，拇指在外。
（3）五指张开形：五指用力伸直张开。

2. 上肢动作

（1）举臂：臂伸直向某方向抬起。
（2）屈臂：前臂与上臂角度不断减小。
（3）伸臂：前臂与上臂角度不断增大。
（4）屈臂摆动：屈肘在体侧自然摆动，可依次或同时进行。
（5）臂上提：直臂或屈臂由下至上提起，如：屈臂前提、直臂侧提。

（6）臂下拉：臂由上举或侧上举拉至身体两侧。
（7）胸前推掌：立掌，臂由肩部向前推。
（8）冲拳：屈臂握拳，由腰间猛力向前冲。
（9）肩上推：立掌，屈臂由肩部向上推。
（10）臂摆动：以肩关节为轴，手臂在180度以内摆动。
（11）臂绕和绕环：以肩关节为轴，手臂在180度～360度的运动称为绕，大于360度的运动为绕环。
（12）臂交叉：两臂重叠成X形。

三、《全国健美操大众锻炼标准》第二套规定动作

（一）全国健美操大众锻炼标准第二套二级规定动作

1. 预备姿势：立正
2. 组合一：4×8×2拍

（1）第1拍右脚向前一步，同时右手握拳胸前平屈；第2拍左脚并于右脚，同时左手握拳胸前平屈；第3拍右脚退回还原，同时两手胸前击掌；第4拍左脚并右脚同时右转45°，双臂还原放于体侧；5～8拍动作同1～4拍（图12-1）。

图12-1

（2）1～4拍右脚迈步向前走4步，第4拍左脚脚尖点地。第1拍双臂握拳向前伸直，与肩同宽，第2拍双臂收回到腰间，3～4拍同1～2拍；5～8拍左脚开始向后退4步，手臂动作同1～4拍（图12-2）。

图12-2

（3）第1拍右脚向前侧方迈一步的同时右手体侧平屈；第2拍动作同第1拍，但方向相反；3～4拍两脚依次退回原地，手臂经体前放下，成立正姿势；5～8拍动作同1～4拍（图12-3）。

图12-3

（4）1～4拍右脚交叉步一次，同时双手向前伸臂2次；5～6拍侧并步1次，同时屈臂上提、下落，7～8拍动作同5～6拍，但方向相反（图12-4）。

图12-4

第二个4×8拍动作相同，但方向相反。

3. 组合二：4×8×2拍

（1）1～2拍右脚开始V字步前半部分；3～6拍左右摆髋4次；7～8拍V字步后半部分（图12-5）。

图12-5

（2）1～2拍上右脚弹踢左腿，反方向的手依次向前冲拳；3～4拍退左脚，右脚向后弓步点地，同侧的手依次向前冲拳；5～8拍的动作同1～4拍（图12-6）。

图12-6

（3）1~4拍向右侧交叉步1次，同时两臂向体侧打开，然后体前交叉；5~6拍左脚侧点地；7~8拍右脚侧点地（图12-7）。

图12-7

（4）1~2拍左腿吸腿跳点地1次，双手胸前屈臂然后向上伸臂；3~4拍腿部动作不变，手臂还原到胸前平屈然后还原立正姿势；5~8拍下肢动作相反，上肢动作不变（图12-8）。

图12-8

第二个4×8拍动作相同，但方向相反。

4. 组合三：4×8×2拍

（1）1～4拍右脚侧并步跳2次，5～8拍左脚并步跳2次，转体90°成"L"形，双手向出脚方向绕环一圈至体侧屈臂（图12-9）。

（2）第二个1～8拍动作与第一个1～8拍相同，但方向相反。

（3）右脚开始漫步2次（图12-10）。

图12-9　　　　　　　　　　　　　　图12-10

（4）迈右脚连续吸左腿4次，同时两臂向斜前方伸臂4次（图12-11）。

图12-11

第二个4×8拍动作相同，但方向相反。

5. 组合四：4×8×2拍

（1）1～4拍右脚向前走4步，手臂正常摆臂；5～6拍弹踢腿1次，同时两手向前推掌；7～8拍动作同5～6拍，但方向相反（图12-12）。

（2）第1拍右脚向右后方迈一步同时两手向侧打开；第2拍左脚并右脚，双手体前交叉；3～4拍同1～2拍，但方向相反，5～8拍同1～4拍（图12-13）。

图12-12　　　　　　　　　　　　　　图12-13

（3）右左各一次上步摆腿跳接漫步（图12-14）。

图12-14

（4）1~2拍迈右脚后屈左腿1次；3~4拍迈左脚后屈右腿1次；5~8拍迈右脚后屈左腿2次（图12-15）。

图12-15

第二个4×8拍动作相同，但方向相反。

6. 结束动作：右脚上步成右弓步，同时双手侧前45°五指分开，手臂伸直亮相（图12-16）。

图12-16

（二）全国健美操大众锻炼标准第二套三级规定动作

1. 预备姿势（立正）
2. 组合一：（4×8×2拍）

（1）1~8拍右脚侧并步4次，大小腿成"L"形，同时握拳屈臂上提、下落（图12-17）。

图12-17

（2）1～4拍右脚开始向前走三步，第4拍吸腿，走步时手臂正常摆臂，吸腿时双手胸前击掌；5～8拍的动作同1～4拍，但方向相反（图12-18）。

（3）第1拍右脚向前一步，同时右手握拳上举；第2拍左脚并于右脚，同时左手握拳上举；第3拍右脚退回还原，同时双手体前屈臂；第4拍还原成立正，双臂还原放于体侧；5～8拍动作同1～4拍（图12-19）。

图12-18

图12-19

（4）第1拍右脚向后一步，同时双臂两侧平举；第2拍左脚并于右脚，同时双手伸直头上交叉；第3拍右脚上前一步，同时双臂两侧平举；第4拍左脚并于右脚还原成立正，双臂还原放于体侧；5～6拍右脚向右侧45°上步吸左腿，7～8拍退左脚，右脚并于左脚，同时手臂正常摆臂（图12-20）。

图12-20

第二个4×8拍动作相同，但方向相反。

3. 组合二：（4×8×2拍）

（1）交叉步2×8拍：右脚交叉步4次，分别转体90°成"口"形，同时第1拍双手向上伸直，与肩同宽，第2拍双手收回到腰间，第3拍动作同第1拍，第4拍动作同第2拍；第5拍双臂两侧平举，第6拍体前交叉，第7拍动作同第5拍，第8拍动作同第6拍；9～12拍的动作同1～4拍；13～16拍动作同5～8拍（图12-21）。

图12-21

（2）1～4拍右脚向右前45°迈出连续吸左腿2次，同时两臂向前方伸、屈臂，5～8拍动作同1～4拍，但方向相反（图12-22）。

（3）1～6拍侧并步3次，腿成"蛇形"，同时单拍双臂两侧平举，双拍双手体前交叉，7～8拍左脚侧点地接后屈腿（图12-23）。

图12-22　　　　　　　　　　　　图12-23

第二个4×8拍动作相同，但方向相反。

4. 组合三：（4×8×2拍）

（1）1～4拍右脚向左侧前漫步，1～2时拍双手向侧上45°伸出，3～4拍双手收回到腰间；5～8拍动作同1～4拍（图12-24）。

（2）1～4拍迈步吸腿跳2次；5～8拍走步4次（图12-25）。

图12-24　　　　　　　　　　　　图12-25

（3）1～8拍两次V字步，手臂依次上举，然后同时收到胸前交叉（图12-26）。

图12-26

（4）1～8拍4次迈步后屈腿，第7拍左腿后交叉，同时双手握拳向前，再收回到腰间（图12-27）。

图12-27

第二个4×8拍动作相同，但方向相反。

5. 组合四：（4×8×2拍）

（1）1～8拍4次小马跳，1次转体180°，同时双手握拳（图12-28）。

图12-28

（2）1～8拍并步跳接前、后漫步（图12-29）。

（3）1～4拍连续弹踢腿跳前交叉，同时第1拍手臂一前一侧，第2拍双手胸前交叉，第3拍同第1拍，第4拍还原（图12-30）。

图12-29

图12-30

（4）1~4拍侧步摆腿跳接1/2漫步，5~8拍侧并步2次（图12-31）。

图12-31

6. 结束动作

右脚向侧开步成右弓步，同时左手向前伸直，右手向上伸直亮相（图12-32）。

图12-32

第二个4×8拍动作相同，但方向相反。

四、踏板操

踏板操，即在踏板上随着动感音乐（每分钟120拍左右）有节奏地上下舞动，进行健美操的动作和步伐。

1. 重心移动

要顺畅完成板上、板下的过渡，身体重心及时、准确移动是这项练习的前提和基础。为实现身体重心的移动，首先要靠双腿交替用力，以及躯干及时向运动方向跟进，两者同步，才能使整个身体重心完整移动，达到移动练习的要求。

2. 缓冲

缓冲技术是踏板操、甚至是有氧健身练习的基础技术。合理的缓冲技术能够保证身体安全。对于踏板操，缓冲能为完成下一个动作积蓄力量。缓冲可以通过两种途径来实现：

（1）增加缓冲的距离：如下踏板时，先前脚掌触地，再过渡到脚跟并配合膝、髋关节的弯曲，就可以使下板时对身体的冲击降低许多。

（2）积极主动退让：这种方式在踏板操中经常被采用。踏板课上经常会出现单腿在板上支撑完成动作的情况，因此大腿及臀大肌经常在收缩对抗后，马上转入被动拉长的退让，这样保证动作的连贯及安全。

3. 控制身体

整体的运动需要身体各部分的协调配合。在踏板操中最重要的是腰腹控制，特别当身体重心在踏板上时，腰腹的控制能起到平衡身体的作用，为下肢完成各种动作打好基础。控制身体的移动要靠相关肌肉收缩来实现，而肌肉长时间处于紧张收缩状态，必然会僵化。所以，调整各部位肌肉的用力强度非常重要。

4. 踏板操的基本动作

踏板动作包括板上动作、板下动作、上下板连接动作。独立的板上动作和板下动作都是健美操基本动作及其变形。因此，踏板的基本动作主要指上下板连接动作，包括点板类、双腿依次上下板类和双腿同时上下板类。

第十三章 形体训练

课程资源
扫码即可观看

第一节 形体训练概述

一、形体美的标准

不同时代、不同区域、不同生活条件的人对美的观念有所不同。因此,评价形体美的标准也就不同,涉及因素较多,评价标准也不是一成不变的。

二、形体训练

(一)站立姿势的控制练习

1. 靠墙立

在立正姿态的基础上,双腿夹紧,收腹,挺胸立腰,立背,紧臀,双肩后张下沉,下颌略回收,头向上顶,脚跟、腿、臀、肩胛骨和头紧靠墙。此练习是借助于墙的平面来训练站立时上体挺拔,保持头、躯干和腿在一条垂线上的良好习惯,一次控制4×8拍,反复做8~10次。

2. 分腿立

两腿在小八字立的基础上分开与肩同宽,双手叉腰,双肘微向前扣,收腹,挺胸,立腰,立背,双肩后张下沉。此练习主要训练臀、腹及上体的正确感觉,夹臀与收腹协同用力。

3. 双手叉腰,前、侧、后点地练习

在基本站立姿势的基础上,保持上体形态和重心的稳定性,双腿伸直;前点地和后点地时动作力求绷脚尖,脚面外翻;开胯侧点时脚面向侧绷脚尖点地。每做一个方向的点地,都是先擦地出去,控制1个8拍后换方向练习,反复8~10次。此练习主要训练腿的控制能力和重心的稳定性。

(二)坐姿控制练习

1. 盘腿坐

重心落在臀部,挺胸收腹,立腰提气,肋骨上提,头颈向上伸,微收下颌,两腿弯曲,两脚脚心相对盘于腹前,双肘放松,手腕搭于膝或双手背于身后。

2. 正步坐

上体姿势同盘腿坐,两脚并拢,脚尖正对前方,两膝稍稍分开,两臂自然弯曲,两手自然扶于大腿处,上体正直,微向前倾,肩放松下沉,立腰,头、肩、臀应在一条线上。

3. 侧坐

姿势同盘腿坐,上体微向侧转,两臂自然放松,扶于腿处。两腿弯曲并拢,双膝稍移向一边,靠外侧的脚略放在前面。

(三)步态控制练习

不良的步态大多是由于后天不良习惯造成的,持久不懈地坚持练习是可以矫正的。在体现步态美的诸多因素中,除了颈、肩、腰、四肢等,脚踝也起着极其重要的作用,但常常被忽视。脚踝对人体起着支撑、维护平衡和缓冲的作用,拥有一双稳固、灵活而有力的脚踝,走起路来才能支撑有力,灵活自如。

(四)基本形态控制综合练习

姿态具有较强的可塑性,通过专门训练,可以改善。姿态还具有稳定性,通过形体姿态的综合练习,训练头颈部位、手臂、躯干、腿部的控制力,可以发展练习者的柔韧性、稳定性、灵活性、协调性和力量等,提高节奏感、音乐表现能力和形体表达能力,促进优美形态的形成。

第二节 形体练习组合动作

1. 预备姿势(1×8拍)

1~4拍原地踏步,5~8拍屈膝提膝弹动练习。

2. 擦地练习

(1)右侧脚前、侧、后、侧擦地练习(两拍一动)2×8拍,左侧动作同右侧动作,但方向相反(图13-1)。

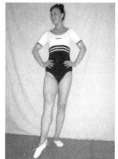

图13-1

(2)右脚向前45°擦地练习:一拍一动(图13-2),第2个8拍5~8拍还原(图13-3),左脚向后45°擦地练习,一拍一动(图13-4),最后4拍还原(图13-5)。

图13-2　　　　　　　　　　　　　　图13-3

图13-4　　　　　　　　　　　图13-5

（3）一位手两脚交替侧擦地练习，1×8拍（图13-6）。

（4）二位手两脚交替侧擦地练习，1×8拍（图13-7）。4×8拍：前、侧、后、侧（动作相同，方向相反）。

图13-6　　　　　　　　　　　图13-7

（5）开腿下蹲练习，1～2开腿，3～4下蹲，5～6提踵，7～8同3～4（图13-8）；第二个八拍1～2开腿2位手，3～4同1～2，5～8拍如图13-9所示。开腿下蹲练习（反方向）1～8拍同上，2～4拍同上，5～8拍如图13-10所示。

图13-8

图13-9　　　　　　　　　　　图13-10

（6）向前的小踢腿与大踢腿练习2×8拍，1~4拍如图13-11所示，5~8拍同1~4拍，第二个八拍1~4拍同前1~4拍，5~8拍如图13-12所示。

图13-11　　　　　图13-12

（7）向侧的小踢腿与大踢腿练习2×8拍，1~4拍如图13-13所示，5~8拍同1~4拍，第二个八拍1~4拍同前1~4拍，5~8拍如图13-14所示。

图13-13　　　　　图13-14

（8）向后的小踢腿与大踢腿练习1×8拍如图13-15所示，5~8同1~4拍，2~4拍（图13-16）。

图13-15　　　　　图13-16

（9）画圆（图13-17）：左侧动作同右侧，但方向相反。

图13-17

（10）结束动作：如图13-18所示。

图13-18

第十四章 轮滑运动

课程资源
扫码即可观看

第一节 轮滑运动概述

一、轮滑运动的起源与发展

轮滑又称滚轴溜冰、滑旱冰，是穿着带滚轮的特制鞋在坚硬的场地上滑行的运动。今日多数的滚轴溜冰者主要都使用直排轮，又称刷刷、66（直排旱冰爱好者对这项运动的别称，来源于溜冰中轮子和地面摩擦时所发出的声音，同时也称溜冰鞋为"刷子"，称在马路上溜冰为"刷街"，而66与溜溜同音，更有趣味顺口，多为爱好者的互称）。直排轮也几乎成为轮滑运动的代名词。

轮滑运动按项目特征的不同，分为休闲健身和竞技两大类；按参赛者表现自我和控制比赛对手方式的不同，可以分为休闲健身轮滑、轮滑技巧表演、速度轮滑、花样轮滑、极限轮滑和轮滑球。速度轮滑的比赛项目如下。

① 场地速度轮滑比赛。
② 公路速度轮滑比赛。
③ 山地速降速度轮滑比赛。
④ 速度轮滑越野比赛。

二、轮滑运动与身体健康

轮滑运动对提升身体的平衡能力、柔韧性、应急反应能力都很有帮助。参与轮滑运动时膝关节、脚踝关节需要适当用力支撑身体，完成支撑、滑行、转弯等动作对于关节的支撑能力特别是灵活性有很好的锻炼作用。轮滑过程中，腰部、臀部、大腿、脚踝肌肉都在用力，技术良好者会利用合理的摆臂来加强身体的平衡和提高滑行效果，从而使上肢甚至胸部肌肉得到锻炼，因而，轮滑运动是一种理想的有氧锻炼方式。

第二节 轮滑运动基本技术

一、护具的佩戴顺序

护具佩戴的顺序，首先戴头盔，接着护肘、护膝、轮滑鞋，最后戴护腕掌，脱的顺序正好和穿的顺序相反。

二、站立与保持平衡练习

1. "八"字形脚站立

两脚尖外展40°~50°左右成八字形，两脚跟靠紧，上体微前倾，并且上体要放松，重心落在两脚中间。两眼平视前方，不要低头看两脚的动作，保持半分钟稳定身体平衡，稍做移动后继续保持身体平衡（图14-1）。

2. "T"字形脚站立

双脚呈"T"字形靠住站立。前脚跟靠住后脚弓，上体微前倾，并且上身放松，重心略偏于后脚（图14-2）。

3. 平行站立

双脚平行分开稍微窄于肩，脚尖稍微内扣，膝部微屈，上身放松，重心落在两脚中间。如果练习者是穿单排轮滑鞋做练习，则还要注意练习时，两脚略向内倾，以方便于保持稳定（图14-3）。

图14-1　　　　　　　图14-2　　　　　　　图14-3

4. 站立前后推鞋

手扶栏杆或者在老师和同学的保护下，两脚相距20cm左右平行开立，在原地做两脚交替前后推动，体会轮子在脚下的位置和滑动时的感觉（图14-4）。

5. 原地蹲起

由基本姿势开始，两脚相距10cm左右平行站立，上体前倾，腰背部放松，含胸收腹，两臂自然下垂或背于腰后，两眼看前方5m左右处，重心落在两脚中

图14-4

间，逐渐弯曲膝关节。当膝关节弯曲至最低点后，保持几秒钟，然后两腿蹬伸起立，恢复基本预备姿势。练习时控制好重心，体会重心的上下移动。练习的时候可以借助栏杆和老师、同学们的帮助来完成（图14-5）。

图14-5

6. 原地左右移动重心

两脚平行站立，呈静蹲姿势，上体前倾。两肩自然放松，含胸收腹，屈膝，两臂自然背于腰后，两眼看前方6m左右处，重心落在两脚中间。逐渐将身体重心移动至左脚。右脚慢慢抬起向左侧收回，帮助维持身体平衡保持几秒钟。右脚恢复静蹲姿势，身体重心移至两脚中心。

注意，右脚放下时，四个轮子的同时着地。逐渐将身体重心移至右脚。左脚慢慢抬起向右侧收回，帮助维持身体平衡，保持几秒钟。左脚恢复静蹲姿势，身体重心移至两脚中心。注意，左脚放下时，四轮子同时着地。恢复两脚平行站立姿势。练习的时候可以借助栏杆和老师、同学们的帮助来完成（图14-6）。

图14-6

7. 原地抬腿左右跨步移动

由基本预备姿势开始，重心移至右脚，左脚以抬膝、脚平起平落的方式向右侧跨20cm左右，迅速将重心移至左脚，右脚同样的方式向右并靠一步，并支撑重心。如此反复向左右移动。练习的时候可以借助栏杆和老师、同学们的帮助来完成（图14-7）。

图14-7

8. 向前踏步移动

由预备姿势开始，重心移至左脚，右脚以抬膝、脚平起平落的方式向前跨出15cm左右，落地后迅速将重心移至右腿，同时，左腿以同样的方式向前跨出15cm左右落地并支撑重心。练习的时候可以借助栏杆和老师、同学们的帮助来完成（图14-8）。

图14-8

9. 向后踏步移动

由向后滑行的基本姿势开始，重心移至左腿，右腿以抬膝、脚平起平落的方式向后踏出15cm，即右脚的脚尖落放在左脚的足弓附近。落地后迅速将重心移至右腿，同时，左腿以同样的方式向后踏步15cm左右，落地并支撑重心。练习的时候可以借助栏杆和老师、同学们的帮助来完成（图14-9）。

图14-9

三、基础滑行动作练习

1. 双脚向前滑行

在向前滑行的过程中，双脚平行站立，上身放松。右脚用内侧轮向外蹬地，身体重心转移至左脚，双臂自然张开。左脚向前滑行，右脚抬起并内侧收回，靠近左脚。右脚落地，双脚滑出，身体重心落在两脚中间，膝关节放松，同时上身放松并稍向前，当滑行将要停止时，左脚用内侧轮向外蹬地，身体重心转移至右腿，双臂自然张开，身体重心同时移向右脚，向前滑出，左脚抬起并内侧收回，靠近右脚，左脚落地，双脚滑出。然后重复上述动作，连续滑行。在向前滑行的时候，蹬地时两膝微屈，用内侧轮蹬地，蹬地脚蹬地后应注意身体重心要移到滑行脚上，以免蹬出去后收不回来（图14-10）。

图14-10

2. 双脚向后滑行

在向后滑行的过程中，左脚支撑重心，左腿向左脚方向以"平推"的方式蹬地后，迅速抬膝抬脚再平落至右脚旁边，成两脚间略窄于肩宽的平行开立，向后滑行一段距离。然后将重心移向右腿，以与左侧同样的方法完成右脚蹬地，再双脚后滑行一段距离。在向后滑行的时候，一次蹬地后双腿支撑向后稳定滑行的距离为3m左右，并能在双腿支撑滑行的过程中随意将重心移向任意一条腿上，在另一腿的帮助下稳定地滑行1m左右（图14-11）。

图14-11

3. 双脚葫芦步向前滑行

在练习向前双脚葫芦步滑行时，首先原地双脚平行站立，两脚尖外展并以内刃蹬地，两脚尖向外侧滑出，两腿屈膝，身体向前倾，两臂左右张开保持身体平衡，两脚向前外滑，并滑至最大弧线时（稍微比肩宽一些），膝关节渐直并平行滑出，两脚尖同时内扣，并用外刃向前滑行，两膝弯曲，身体向前倾，两脚靠拢至约在15～20cm左右时，重复上述动作，连续滑行。在滑行时，身体重心在两脚中间，以两脚后轮用力蹬地，两腿屈伸动作要协调，滑行时不要低头及身体过分前倾，两腿分开不要过大，以免失去平衡，两脚尖收回时不能对碰，以免身体重心向前摔倒（图14-12）。

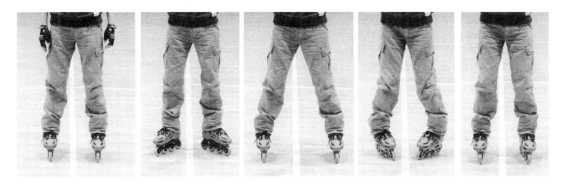

图14-12

4. 双脚葫芦步向后滑行

在练习双脚葫芦步向后滑行时，首先原地两脚分开，平行站立，脚尖稍向内扣，两腿弯曲，用两脚内刃向前蹬地，同时两脚跟向两侧分开，两臂自然张开，头向右侧，眼睛看向右手边，两脚向后外滑行，滑至两脚之间平行，距离约与肩宽时，向后滑行，上体与头部保持不变，两脚外滑至最大弧时两腿后跟用外刃收回，大腿用力向内夹，膝关节渐直滑出，恢复至原来姿势，随后重复上述滑行动作，连续向后滑行。在滑行时要注意身体重心保持在两脚中间，以两脚前轮为主，两腿屈伸动作要协调，两腿不要分开得过大，两后跟收回时不能对碰，以免向后摔倒（图14-13）。

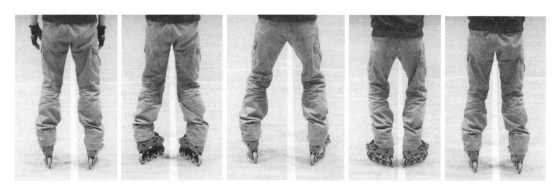

图14-13

5. 向前葫芦步转身向后葫芦步滑行

在练习向前葫芦步转身向后葫芦步时,首先掌握向前和向后葫芦步滑行后,该技术就变得容易多了,只要学会一个转身动作即可。在学习转身动作时,双脚脚跟抬起,两腿弯曲,两手张开保持身体平衡,以脚尖为圆心向后转180°,两腿屈膝,重心压在两脚尖的轮子上,保持身体平衡,肩、髋要稳定,脚跟着地,注意在脚跟落地时,保持身体的平衡(图14-14)。

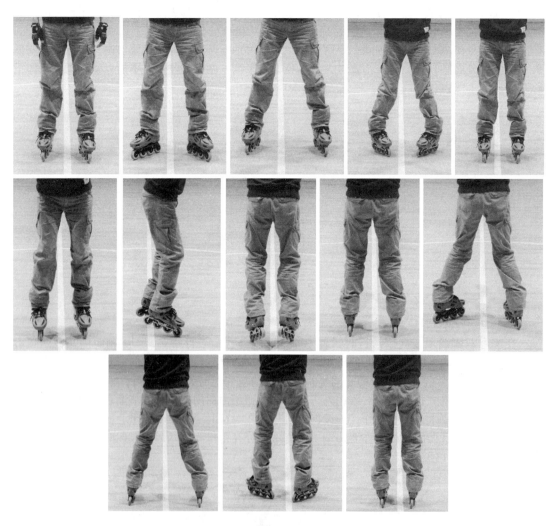

图14-14

第十五章 旱地冰球

课程资源
扫码即可观看

第一节　旱地冰球运动概述

一、旱地冰球运动的起源与发展

20世纪50年代，美国明尼阿波利斯市的一家塑料厂生产出了塑料的球杆，并开始在美国和加拿大推广地板曲棍球运动。虽然举行了很多比赛，但主要是为儿童和青少年服务。这种比赛用的塑料球杆1968年传入瑞典，此后，形式多样的球类和冰球运动在瑞典开始流行。在20世纪70年代中期，受篮球及冰球的影响，人们开始有了创立一个专项运动的想法。世界第一个国家旱地冰球联盟（SIBF）于1981年在瑞典成立。1983年第一本官方规则手册问世。瑞典旱地冰球联盟在1995年成为瑞典国家体育联盟的会员。

瑞典、芬兰和瑞士于1986年4月12日在瑞典胡斯克瓦纳成立了国际旱地冰球联盟（IFF）。该联盟是国际单项体育联合会总会的普通会员，国际奥林匹克委员会的正式会员，并与世界大学生运动联合会及澳大利亚电子竞技运动管理局合作。

中国于2008年引进了旱地冰球项目，在上海成立旱地冰球发展中心并赞助了5所大学开设旱地冰球选修课，2009年、2010年中国旱地冰球发展中心相继组织了两届邀请赛。至2011年，上海市有10所大学、2所中学开展旱地冰球运动。2012年旱地冰球培训进入其他省市校园，目前全国有30多所大学10多所中小学开展旱地冰球课程。

二、旱地冰球运动的基本特点与锻炼价值

旱地冰球场地在室内外场馆均可。比赛可以分为男子组和女子组，或男女混合组，从七八岁的孩子到成人，设有不同年龄段的赛事。旱地冰球不仅可以丰富学生的体育课内容，更有利于培养身体协调性，团队的合作精神。

经常参加旱地冰球运动可以发展人的灵活性，协调性，提高上下肢及躯干的活动能力，改善心血管功能，提高有氧供能和无氧供能的能力。起到增进健康、抗病防衰的作用。同时还能够培养意志品质，使人的智、勇、技在竞争与对抗中得到升华。

第二节　旱地冰球基本技术

旱地冰球基本技术主要包括：站位、运球、传球、接球、射门、护球及假动作。

一、准备技术

1. 选择球杆长度（身高范围—杆长）

    120～140cm—70cm
    140～150cm—80cm
    150～160cm　87cm
    160～175cm—92cm
    175～190cm—96cm
    190cm以上—100cm

2. 左右手区分

   右手杆（图15-1）：握杆右手在下，左手在上。
   左手杆（图15-2）：握杆左手在下，右手在上。

图15-1　　　　　　　　图15-2

二、站位

1. 动作要领

   ① 双手握杆，上面的手抓住整个杆顶上端。
   ② 下方的手握住球杆绑带的下端，两手之间的距离与髋部同宽。
   ③ 双膝弯曲，后背挺直，降低身体重心。
   ④ 两腿分开与肩同宽，一只脚略微靠前。
   ⑤ 站位保持平衡。

2. 练习方法

   ① 初学者听讲解后自行练习。
   ② 两人一组互相纠正练习。
   ③ 快速养成正确站位姿势练习。

3. 易犯错误及注意事项

   后背没有挺直容易疲劳。

三、运球

1. 动作要领

   球直接触击球板；轻触，不能击打；准备好正手或反手传球；保护好球。

2. 练习方法

   ① 原地拨球练习。
   ② 行进间正向拨球练习。
   ③ 行进间后退拨球练习。
   ④ 行进间正向运球练习。
   ⑤ 行进间后退运球练习。
   ⑥ 在标志物间直线或曲线运球练习。

3. 易犯错误及注意事项

① 球离开球杆时间过长使球难以控制。
② 眼睛一直盯着球，容易失去对场上局势的把控。
③ 没有控制好球速容易失球。

四、传球

正确的传球站位是侧站，双脚并排，双膝分开，微微弯曲；站立姿势保持平衡；保持抬头姿势，关注场地；击球板始终靠近球；传球后，击球板应始终朝向传球方向。

1. 正手传球

（1）动作要领：始终保持双手握杆，下面的手握杆时位于球杆的下半部分；传球动作从球在身后时就开始；击球板始终靠近球；击球板从后面加速击向目标；球未过前脚时，即离杆传出；击球板在身后拖的距离越长，传球越准；传球后，击球板应始终朝向传球方向；击球板要压在地板上以防反弹；上身转体要充分，身体后部要适当拉伸，传球才能更加有力。

（2）练习方法：

① 10m距离定点传球。
② 两人一组，距离8～10m练习传球。
③ 两人一组行进间练习传球。
④ 两人一组运球绕过3～5个标志物后进行正手传球练习。
⑤ 快速进行正手传球练习。
⑥ 两人一组跑位传球练习。
⑦ 多人进行正手传球练习。
⑧ 多人围成一个圆圈，中间留一名防守队员拦截球，圈上人进行正手传球练习。

（3）易犯错误及注意事项：

① 传球不果断，容易被断球。
② 传球后球拍没有指向目标，导致传球不准。
③ 传球没有控制好，球容易传不到位。
④ 眼睛一直盯着传球，容易失去对场上局势的整体把控。

2. 短正手传球

（1）动作要领：与正手传球握杆姿势相同；传球速度快；触球时间很短；在触球中依然有一些灵活性；触球板无需到达前脚位置，即可将球击出；操作正确，球会很快离开击球板，滚动过程中不会反弹；如果击球板击球的位置太过靠前或者击球板的角度过大，球就会被打到空中。

（2）练习方法：

① 10m距离定点短正手传球练习。
② 两人一组，距离8～10m短正手传球练习。
③ 两人一组行进间短正手传球练习。
④ 两人一组运球绕过3～5个标志物后进行短正手传球练习。
⑤ 快速进行短正手传球练习。
⑥ 两人一组跑位短正手传球练习。
⑦ 多人进行短正手传球练习。
⑧ 多人围成一个圆圈，中间留一名防守队员拦截球，圈上人进行短正手传球练习。

（3）易犯错误及注意事项：

① 传球不果断，容易被断球。

② 传球后球拍没有指向目标，导致传球不准。
③ 传球没有控制好球速，容易传球不到位。
④ 眼睛一直盯着传球，容易失去对场上局势的整体把控。
⑤ 球过前脚一段距离才将球传出，使传球时间过长。

3. 长后手传球

（1）动作要领：双手握杆，长后手传球比正手传球时双手距离要近；与接反手传球和接正手传球相同，都要注意缓冲；长后手传球时，击球板始终触球；传球瞬间，上半身随之转动。

（2）练习方法：

① 10m距离定点长后手传球练习。
② 两人一组，距离8~10m长后手传球练习。
③ 两人一组行进间长后手传球练习。
④ 两人一组运球绕过3~5个标志物后进行长后手传球练习。
⑤ 快速进行长后手传球练习。
⑥ 两人一组跑位长后手传球练习。
⑦ 多人进行长后手传球练习。
⑧ 多人围成一个圆圈，中间留一名防守队员拦截球，圈上人进行长后手传球练习。

（3）易犯错误及注意事项：

① 双手握杆距离过长没有与正手传球区分。
② 传球后球拍没有指向目标，导致传球不准。
③ 传球没有控制好球速，容易传球不到位。
④ 眼睛一直盯着传球，容易失去对场上局势的整体把控。
⑤ 接传球时没有缓冲，导致球控制不好。

4. 短后手传球

（1）动作要领：短后手传球的握杆方法与长后手握杆方法相同，也可以单手握杆；短后手传球为快速轻击；击球板不能碰地板，只能碰球；击球的速度取决于挥拍速度。

（2）练习方法

① 10m距离定点短后手传球练习。
② 两人一组，距离8~10m短后手传球练习。
③ 两人一组行进间短后手传球练习。
④ 两人一组运球绕过3~5个标志物后进行短后手传球练习。
⑤ 快速进行短后手传球练习。
⑥ 两人一组跑位短后手传球练习。
⑦ 多人进行短后手传球练习。
⑧ 多人围成一个圆圈，中间留一名防守队员拦截球，圈上人进行短后手传球练习。

（3）易犯错误及注意事项

① 双手握杆距离过长没有与正手传球区分。
② 传球后球拍没有指向目标，导致传球不准。
③ 传球没有控制好球速，容易传球不到位。
④ 击球时球拍接触地板，容易起空中球。

5. 传高球

（1）动作要领：与正规握杆方法相同；对空中传球而言，触球点很关键，而传球的高度则取决于球拍的角度；球在前脚的前方轻轻传出，击球的速度取决于向后挥拍的速度；击球板滑过地面沿着一条直线击向球；击球瞬间，击球板应回倾。

（2）练习方法

① 单人定点传高球练习。

② 两人一组定点传高球练习。

③ 两人一组行进间传高球练习。

④ 多人围成一个圆圈，中间留一名防守员拦截球，圈上人进行传高球练习。

（3）易犯错误及注意事项：

① 传球时球拍没有回倾或速度不够，球没有起来。

② 传高球力度没有掌握好，导致传球不准。

6. 单手传球

（1）动作要领：一只手上部握杆；击球板击球之前要有一个回拉球杆的动作，根据场上情况使用反手或者正手传球；击球板高度不得超过膝盖。

（2）练习方法：

① 两人一组，距离8~10m单手传球练习。

② 两人一组行进间单手传球练习。

③ 两人一组运球绕过3~5个标志物后进行单手传球练习。

④ 两人一组，单手传球练习。

⑤ 多人围成一个圆圈，中间留一名防守队员拦截球，圈上人进行单手传球练习。

（3）易犯错误及注意事项：

① 传球时球拍没有回拉，导致传球没有力量。

② 击球板传球时过高，导致传球不准。

五、接球

1. 动作要领

与正规握杆方法相同；击球板接触地面；保持站立姿势；基本的站立姿势和传球一样，侧身多一点；始终抬头关注场地；接球要流畅；接球的时候要缓冲；球杆和身体都可以用来接球或控制球；必须使用击球板接球（击球板靠近前脚等待来球），接球时击球板向后回带起到缓冲作用（用力要轻）；接球动作应该在身体前方完成；接高球的时候需要很好的控球技术；身体也可以用来接高球（胸、大腿以及脚）。

2. 练习方法

（1）两人一组固定距离接球练习。

（2）两人一组行进间接球练习。

（3）两人一组跑位接球练习。

（4）多人围成一个圆圈，中间留一名防守队员拦截球，圈上人进行接球练习。

3. 易犯错误及注意事项

（1）接球时没有缓冲，控制不好来球。

（2）接球时身体准备不到位，因接球匆忙而接不好。

六、护球

护球时可以采用身体护球：将身体挡在球和对手之间；使球尽量远离对方球员；保持低的比赛站位，抬头注视赛场。也可以用球杆护球：运球时尽量远离对手；当球离开身体时，双手一起握拍运球；用击球板护球。

1. 动作要领

　　球员保持身体平衡的站立姿势；用身体、脚和手护球；击球板应该护住靠近对手的一侧；控好球。

2. 练习方法

　　（1）两人一组，一人抢断另一人护球练习。
　　（2）两人一组行进间，一人抢断另一人护球练习。
　　（3）四人一组，两人抢断另两人传球，结合护球练习。

3. 易犯错误及注意事项

　　（1）护球匆忙使对手能够触到球，控制不好球。
　　（2）站位过高，重心不稳，护球不固，容易丢球。

七、射门

1. 长射（拖射）

　　（1）动作要领：握杆和正手传球握杆姿势相同；反手侧的脚在前，身体重心落在后脚上；击球板从身体后方要有一段拖长的距离，当球与前脚水平后才离杆射门；射门结束后，击球板要指向球门方向，身体重心要完全转移至前脚。

　　（2）练习方法
　　①单人定点长射练习。
　　②两人一组定点长射练习。
　　③两人一组行进间长射练习。

　　（3）易犯错误及注意事项
　　①拖球距离不够，导致射门无力。
　　②射门时球拍回倾过大，易起高球。
　　③射门后击球板没有指向球门方向，射门不准。

2. 腕射

　　（1）动作要领

　　握杆与一般射门握杆姿势相同；身体必须朝向球门，射门侧与持杆侧一致；球接近前脚时即可离杆射门；球接触击球板时间很短（正手短射）；移动中使用腕射。

　　（2）练习方法：
　　①分组排队定点腕射练习。
　　②两人一组定点腕射练习。
　　③两人一组行进间腕射练习。

　　（3）易犯错误及注意事项：
　　①射门时球拍回倾过大，球易起高球。
　　②射门后击球板没有指向球门方向，射门不准。
　　③球拍触球时间过长，射门不果断，容易被断球。

3. 抽射

　　（1）动作要领：握杆与腕射的握杆姿势相同，两手距离要宽些；反手侧脚位于正手侧脚前，重心在前脚上；挥拍距离要足够长，但球杆不能超过腰部；临近击球时，击球板接触地面，依靠球杆与地面产生的弹性射门，且射门后击球板必须指向球门。

　　（2）练习方法：
　　①单人定点抽射练习。

② 分组排队定点抽射练习。
③ 两人一组行进间抽射练习。
（3）易犯错误及注意事项：
① 射门时球拍回倾过大，易起高球。
② 射门时引拍距离不够或没有接地产生反弹力，射门无力。
③ 射门后球拍没有指向球门，射门不准。

4. 反手射门

（1）动作要领：握杆双手靠近；前脚与身体同一侧的肩部方向一致，通常侧对球门；背对球门的时候也经常采用；触球点和前脚在同一水平线上，或稍靠前。
（2）练习方法：
① 单人单球定点反手射门练习。
② 分组排队定点反手射门练习。
③ 两人一组进行反手射门练习。
（3）易犯错误及注意事项：
① 射门时只练习双手反手射门，导致射门不灵活。
② 射门时正面与背面练习太过单一。
③ 有球队员离球门距离较远时采用反手射门，射门不准。

八、假动作

1. 动作要领

保持球在击球板附近；双手握杆（反手运球时可以使用单手握杆）；尽力提高持球技术；加强训练，提高速度和身体控制能力；尽量让对手按照你希望的方向移动；快速移动，突然变速，疾速转向；假动作（如与队友进行误导眼神交流）将防守球员虚晃向错误的方向移动；射门的假动作便于有效过人。

2. 练习方法

① 两人一组进行假动作过人练习。
② 单人进行假动作熟练度练习。
③ 三人一组结合传球与抢断进行假动作练习。

3. 易犯错误及注意事项

① 球拍脱离球，导致丢球。
② 变速与控球能力脱节，导致人与球分离。

第三节　旱地冰球基本战术

一、旱地冰球战术分类

战术是比赛中为了战胜对方而采取的攻防方法。旱地冰球战术包括：
（1）进攻战术可分为个人、2~3人和全队的进攻战术。全队的进攻战术又可分为快攻和阵地进攻。
（2）防守战术，分为个人防守、2~3人防守和全队防守战术。
（3）"以多打少"和"以少打多"战术，旱地冰球规则有罚出场2min和5min的规定，场上可能形成6打5或6打4的局面，这是得分的最好时机，"以多打少"战术是针对这一情况采取的一种特殊形式的进攻战术；反之是因为队员被罚出场而被迫采取的特殊形式的防守战术。

二、旱地冰球战术图中符号含义

（1）实线单线箭头代表：无球跑动。
（2）虚线单线箭头代表：传球。
（3）曲线单线箭头代表：带球跑。
（4）实线双线箭头代表：射门。
（5）实心三角形代表：进攻队员不持球。
（6）空心三角形代表：进攻队员持球。
（7）空心圆圈代表：无球防守队员。
（8）有叉小圆圈代表：标志桩。

三、进攻战术

1. 三对二进攻战术练习

开始的时候队员位置如图15-3所示。三个队员，一个中锋和两个边锋，从中线后面开始，面对两个守防队员。

（1）右边锋（A）把球运到中场。
（2）左边锋同时向球门快跑。这样进攻更有深度（制造传球距离），而且如果A决定击球，球弹回时B会有更好的得分机会。
（3）A到中场时便迅速向左转，C则向右转。这样他们之间有留球的机会，同时给防守员制造困难。
（4）在这种情况下右翼防守一般跟着B，以便抢断传向B的球。
（5）左翼防守一般在二对一的状况下起作用。前锋试做假留球时，防守必须做出反应。最主要的是挡住射门（不管谁击球）。
（6）运动员A有三个选择：
① 如果防守跟追C，他可以击球。
② 如果防守挡住击球，他可以传给C。
③ 如果右翼防守不挡住传球线，他可以传给B。

这个战术练习很重要，因为它可以被修改成为差不多每一个进攻状况（比如，三对三，三对一和二对二）。对防守员最困难的是A和C的同时活动，因为他们的方向正好相反。这时还有B向球门跑，加大进攻深度。

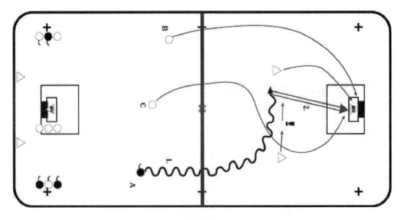

图15-3

2. 二对一进攻战术练习

（1）三个队员，一个在球场角，两个在中线附近（如图15-4所示）。

（2）A传给C，然后向C跑。
（3）C把球传给B，然后跑向禁区当防守。
（4）B接球后向C跑。
（5）A和B在中场区域交叉跑动，以创造留球机会。
（6）A和B对一个防守进攻（二对一）。

防守应该强迫带球的前锋跑到球场角，这样他传击球更难，防守也更容易。

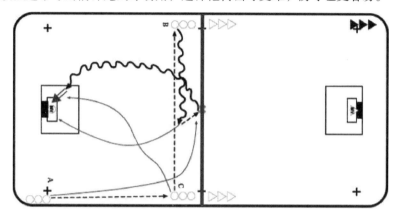

图15-4

3. 三对二、二对一交叉进攻战术

把运动员分成三个队，两个防守站在对面的半场（如图15-5所示）。

（1）运动员A，B和C对两个防守队员进攻。
（2）接着防守队员对离球门最远的前锋进行反攻（在这个图片上离球门最远是B）。
（3）H，I和J开始进攻等。

这是一个很好的进攻战术练习。稍加修改可以用来训练三对二，三对一，二对一和一对一的状况。

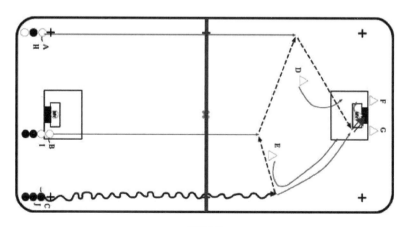

图15-5

四、防守战术

1. 近距离防守战术练习

（1）在两个球场角各列一队，两个队都有球（如图15-6所示）。
（2）A跑动，绕过标志物，接B传的球，击球后跑到另一个角（B队的最后）。

（3）传球后B绕过标志物，接A传的球，以此类推。
（4）强调接球的重要性。过一段时间后，开始训练不接球而是一次性击球。
（5）开始时用简单的腕力击球，同时鼓励用反手，因为这样他们的技术范围更宽。

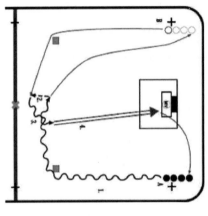

图15-6

2. 防守移动中的进攻队员战术练习

（1）开始时左边锋把球运到中场（如图15-7所示）。
（2）中锋（C）向球门快跑，这样加大进攻深度。防守必须做出反应，甚至跟追C到某个地方。
（3）右边锋（B）先慢跑一段时间，然后往中场拐弯快跑到可以接击球的地方。
（4）带球的左边锋有三个选择：
① 把球传给B。
② 把球传给球门前的C。
③ 自己击球。
④ 这样右防守留在两对一的状况下。他要决定或者抢断边锋击的球或者防守向中场跑的B。这样的三对一进攻可以创造良好的击球机会。

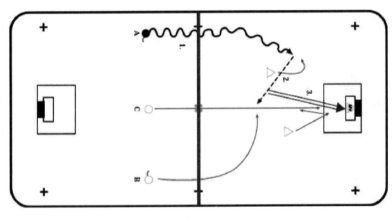

图15-7

第十六章 健康体适能

课程资源
扫码即可观看

第一节　健康体适能概述

体适能一词源于英文"Physical Fitness"，直译为"身体健康"。世界卫生组织（WHO）将体适能定义为：个人在应付日常工作之余，身体不会感到过度疲倦，还有余力去享受休闲活动的乐趣，具备应付突发事件的能力。体适能一般可分为竞技体适能和健康体适能。竞技体适能主要包括体育竞赛所需具备的敏捷、协调、速度、平衡、反应和爆发力等。健康体适能是由身体成分、心肺耐力、柔韧性、肌力和肌肉耐力等组成。

在体重控制计划中，主要目标是维持理想的脂肪与非脂肪体重的比例。肥胖与许多慢性病有密切关系，如心脏病、高血压病、糖尿病和关节退化等。

一、身体成分评价

1. 体重指数（表16-1）

体重指数（BMI）是评估身体脂肪分布情况的基本方法，其计算方法是体重（千克）除以身高（m）的平方，BMI = 体重（kg）/身高^2（m^2）。

表16-1　体重指数（BMI）参考标准

BMI分类	WHO标准	亚洲标准	大学生体质健康测试标准
过轻	<18.5	<18.5	≤17.8（男生），≤17.1（女生）
正常	18.5~24.9	18.5~22.9	17.9~23.9（男生），17.2~23.9（女生）
超重	25~29.9	23~24.9	24~27.9
肥胖	30~34.9	25~29.9	≥28
严重肥胖	35~39.9	>30	
病态肥胖	≥40		

运用体重指数只适用于一般人群，不适合于运动员、健美或力量训练人群、儿童以及孕妇等。

2. 腰臀比

腰臀比（WHR）是指腰围除以臀围的值，与身体脂肪含量有高度相关性，同时也是判断肥胖类型的重要指标之一。女性理想的腰臀比在0.67~0.80之间，男性理想的腰臀比在0.85~0.95之间。一般情况下当男性腰臀比大于0.95，女性腰臀比大于0.8，可诊断为中心性肥胖。高腰臀比例容易造成心肌梗死、心绞痛、糖尿病和中风。

3. 体脂百分比

体脂百分比是指脂肪重量占总体重的比率。测试体脂百分比常用的方法有生物电阻分析法和皮褶测量法。

二、身体成分促进

身体成分一般包括肥胖、体重过轻和标准体重三种基本情况，体重过轻和肥胖都会对身体造成一些不良影响，需要通过合理的方法进行干预和调整，本部分重点介绍运动和饮食干预。

1. 运动减肥

人体运动时，大量肌肉参与活动，肌肉的运动需要消耗热量，热量来源主要是脂肪、蛋白质和碳水化合物。运动时肌肉对血液内游离脂肪酸和葡萄糖的摄取利用增多，这不仅使脂肪细胞释放出大量游离脂肪酸，使脂肪体积缩小，而且可使多余的血糖被消耗而不是转化为脂肪，最终体内脂肪减少、体重下降。运动还可以提高人体的基础代谢率，使人体消耗更多的热量。

（1）运动减肥的基本要素。

① 运动方式的选择：主要以中等强度、较长时间的有氧运动为主，辅以力量性运动及球类运动等。

② 合理的运动强度：持续时间较长的中等强度运动对减肥效果最好。一般情况下，运动强度越大心跳越快，所以常用心率作为运动强度的定量化指标。

③ 合理的运动时间：减肥不同于健身，运动时间如果不足30min，脂肪是很难被消耗掉的。因此进行运动减肥时，每次运动时间应持续30~60min。在运动减肥的初期，运动时间可适当缩短，以每次不低于20min为宜，然后逐渐增加运动时间，有一个逐步适应的过程。

④ 合理的运动频率：对于运动减肥，一般要求运动频率保持每周3次以上，每周5~7次减肥的效果更佳。

（2）运动减肥应注意的问题。

① 遵循循序渐进的原则：肥胖者运动时心肺承受较大负荷，如果平时没有运动的习惯，刚开始运动减肥时不能急于求成，要循序渐进，运动量、运动时间以及运动负荷需要逐渐增加。

② 持之以恒：要达到良好的运动减肥效果，必须长期坚持，可以通过选择感兴趣的项目或变换运动方式来增加运动兴趣。

2. 饮食控制与减肥

饮食疗法是通过控制饮食来减少热量摄入，以达到减肥的目的。能量摄入必须低于机体实际的消耗量，形成能量的负平衡，促使长期入超的能量被代谢掉，直到体重恢复正常水平。

（1）饮食控制的基本原则。

① 控制摄入的能量：将膳食总热量控制在原来水平的85%左右，配合有氧运动，可在无饥饿状态下实现能量负平衡，体重稳步下降；以每月下降2~3千克，3~4个月下降4~6千克为宜。

② 适当增加蛋白质，保证低糖和适量脂肪：减肥期间也要保证营养素的摄入比例，纠正"不吃肉"的错误观点。减肥者应该限制的是膳食的总热量，而不仅仅是脂肪的摄入，盲目限制脂肪摄入反而不利于减肥。可以用低热量的食物代替高热量的食物，以保证蛋白质和脂肪的摄入。

③ 保证一定的食物体积，增加高膳食纤维食物摄入：保证食物的体积和数量，能够减少节食带来的心理压力和饥饿感。在减少高糖、高脂、高热量饮食的同时，增加豆制品、茎类蔬菜和瓜类蔬菜等膳食纤维丰富、体积大、饱腹感强、热量低食物的摄入。

④ 适量饮水：有研究表明，在控制饮食过程中如果限制饮水，体重下降的速度虽然会比较快，但减掉的体重大部分都是水，并非脂肪，因此应适量饮水。

⑤ 饮食控制应循序渐进，不能骤然猛降：减肥需要坚持较长一段时间，并非单独几次不吃晚餐就能实现减肥。每天的学习、工作、生活以及其他活动都需要能量，每天的能量摄入至

少要保证身体的基本需求。

（2）减肥误区。

① 快速减肥：快速减肥一般通过药物或保健品产生腹泻，以连续的腹泻使体重减轻。但所减去的体重只是身体的水分，对体内的脂肪组织并没有真正的作用，进食和饮水后体重很快反弹。脱水减肥不但不能减去身体的脂肪，它还有一定的危险性，影响身体健康水平。

② 只要多运动就能减肥：适当增加运动和体力活动有助于减肥，但并不代表只要运动就一定能够实现减肥。既坚持体育锻炼，又适当控制饮食，才是正确的减肥之路。

③ 哪里胖减哪里：很多人认为做仰卧起坐就能直接减掉腹部的脂肪，其实这是一个错误的观点。机体运动时动用的脂肪来自全身的脂类物质，并非来自某一运动部位。只进行局部练习很难快速消耗能量，想要减少局部脂肪，必须在全身锻炼的基础上，再结合局部练习才能取得良好的效果。

④ 多吃主食会发胖：平时吃的米饭、馒头、面条等主食，在营养学中称为碳水化合物，也就是"糖"，它是人体最主要、最直接、最经济的能量来源物质。脂肪的代谢需要糖的一些代谢中间产物的参与，如果碳水化合物不足，脂肪酸不能被彻底氧化分解，反而对减肥不利。

第二节　健康体适能运动方法

一、心肺耐力

心肺耐力又称有氧耐力，是人体摄入、运输、利用氧气的能力，能够反映人体呼吸系统、循环系统及运动系统的机能水平。心肺耐力被认为是健康体适能中最重要的要素，可以通过长时间的耐力运动得到改善。

（一）心肺耐力评价

心肺耐力的评价通常有直接测量和间接测量两类。其中，直接测量法所得出的数据比较精确，但操作需要特殊设备。间接测量法中传统的测量手段主要有三类：测量跑完规定距离的时间（800m、1000m）、测量规定时间内跑的距离（12分钟跑）、测量定量负荷后心率变化（台阶试验）。

目前，部分国家和地区采用20米往返跑（20米SRT）测试心肺耐力。20米往返跑是渐进性耐力跑，是一种间接测量和评价心肺功能的有效方法之一。受试者在两条相距20m的线内按规定时间进行往返跑，每完成一个20米，记为1次。跑速受播放器上声音提示指挥，当受试者经反复提示仍连续三次不能跟随节奏到达端线或的确感觉难以完成时，即停止测试，记录最后阶段的速度级别。

（二）心肺耐力促进

1. 心肺耐力训练要素

（1）训练次数：每周3~5次为宜。

（2）训练时间：每次至少连续进行20min。

（3）训练形式：大肌肉群参与并持续进行的有节奏的有氧运动。

（4）训练强度：训练强度合适与否直接影响练习效果。心率是监控运动强度的重要指标，一般认为有氧运动的强度应控制在最大心率的55%~90%，或储备心率的40%~85%。其中采用储备心率控制强度更安全，储备心率＝最大心率－安静心率，最大心率通常为220减年龄。

可通过卡氏公式来计算目标运动心率，即目标心率＝储备心率×运动强度+静态心率。例如，某同学20岁，安静心率为70次／分钟，为了提升心肺耐力给自己制定的训练强度是储备心率的40%~85%，该同学进行有氧运动合理的心率区间计算如下：

目标心率＝［（220-20）-70］×0.4+70至［（220-20）-70］×0.85+70之间，即目标心率为122~181次／分钟。

2. 心肺耐力训练注意事项

（1）掌握合理的呼吸方式和节奏：进行心肺耐力训练要非常注意呼吸。机体通过提高呼吸频率和加深呼吸深度来摄取坚持长时间工作必需的氧气。在心肺耐力训练中，建议采用口鼻并用的呼吸方式，冷天时用舌尖顶住上颚以免冷空气直接刺激呼吸道。同时注意呼吸节奏和运动节奏相一致，如跑步时采用三步一吸、三步一呼或两步一吸、两步一呼。

（2）保证训练内容和手段灵活多样：心肺耐力练习的内容不应仅限于跑步，可灵活选用球类运动、骑自行车、滑冰、登山等。

二、柔韧性

柔韧性指一个或一系列关节达到最大活动幅度的能力。伸展训练可以使关节的活动幅度增加，而且肌肉和其他软组织的长度也会相应增加，能够降低肌肉在运动中受伤的机会。伸展训练除增加关节活动幅度外，还能促进关节的血液循环，同时减少运动后肌肉酸痛，预防下肢疼痛。

柔韧性是健康体适能的要素之一，对于一般人群来讲，柔韧性主要表现在躯干和下肢。在我国的《国民体质测定标准》和《国家学生体质健康标准》中，坐位体前屈是测量柔韧性的主要方法。

1. 柔韧性练习方法

柔韧性练习基本上采用拉伸法，分为静态伸展、弹振式伸展、动态伸展、本体感受神经肌肉促进法伸展等。静态伸展是指缓慢并保持伸展一块或一组肌肉到动作末端并保持约30s。建议普通健身者采用静力拉伸。

2. 柔韧性训练的基本要求

（1）拉伸前充分热身：柔韧训练前应充分热身，提高身体及所要伸展肌肉的温度，减小拉伤的可能性。

（2）柔韧性练习应保持经常性：柔韧性发展快，易见效，消失也快，停止训练时间稍长一些就会消失，因此柔韧性练习要保持经常性。一般每周至少练习2~3天，每个伸展动作重复3~4次。

（3）拉的力度要适当：肌肉伸展至动作末端，不应有明显的疼痛感，避免过度用力。在伸展时保持有节奏及缓慢的呼吸，同时注意在不同平面拉伸肌肉，从而增加关节的活动能力。

三、肌力与肌耐力

肌肉适能包括肌力、肌耐力、健美三种训练类型。肌力是指一组肌肉单次收缩发挥最大收缩力量对抗阻力的能力。肌耐力是指肌肉长时间进行收缩的能力。健美主要通抗阻力负重训练来促进肌肉产生肥大和增加肌肉质量，进而达到体态健美。理想的健康状态和生活质量都需要适当的肌力和肌耐力。

（一）肌力与肌耐力评价

肌力与肌耐力是完成一切正常生活活动、体力劳动和体育活动的基础。最大肌力测试一般需要专门的器材，如用平板握推测试上肢和胸大肌的最大肌力。肌耐力对身体健康有着更重要的意义，一般不需要专门的测试器材，如利用俯卧撑评价上肢和躯干肌肉耐力，利用卷腹来评价腰腹肌耐力。

（二）肌力与肌耐力促进

1. 胸大肌练习方法

（1）杠铃平板卧推。

身体位置：两脚自然开立与肩同宽，坐于平凳，身体一节节躺下，眼睛平视杠铃杆，双手抓握杠铃推起至体前，肘微屈，腕中立。

身体稳定：挺胸、收腹、肩下沉、下颌微收。

动作方向：杠铃在身体前方做上下运动。

动作幅度：向下至肩肘平行或肘略低于肩，向上至肘微屈。

呼吸：向上时呼气，向下时吸气。

节奏：4/4拍。

（2）哑铃飞鸟。

身体位置：脚自然开立，坐于平凳，屈肘将哑铃放于胸前，身体一节节躺下，腰背平贴靠背，举起哑铃置于胸部中束正上方，保持肘微屈、腕中立、掌心相对。

身体稳定：挺胸、收腹、肩下沉、下颌微收。

动作路线：哑铃在身体前方做弧线上下运动。

动作幅度：向下至肩肘平行或肘略低于肩，向上至双臂平行。

呼吸：向下时吸气，向上时呼气。

节奏：4/4拍。

（3）器械坐姿推胸。

身体位置：双脚自然开立坐于座椅，后背紧贴靠板，双臂保持肘关节90°并侧平举打开双手，自然抓握握柄，单脚踩安全脚踏，推起在胸前并保持肘微屈、腕中立，松开脚踏。

身体稳定：挺胸、收腹、肩下沉、下颌微收。

动作路线：手柄在胸部前方做前后运动。

动作幅度：向后至大小臂90°，向前至肘微屈。

呼吸：向后时吸气，向前时呼气。

节奏：4/4拍。

2. 背部肌群练习方法

（1）颈前下拉。

身体位置：调整大腿挡板，站在横杠斜后方，双手自然抓握手柄，调整左右距离后顺势坐于平凳，头部位于钢线正下方，身体微微后倾（10°~15°），肘微屈、腕中立。

身体稳定：挺胸、收腹、肩下沉、下颌微收。

动作路线：钢线在身体前方做上下运动。

动作幅度：向下时手柄拉至锁骨（颈部前方），向上至肘微屈。

呼吸：向下时呼气，向上时吸气。

节奏：4/4拍。

（2）坐姿划船。

身体位置：坐于平凳，单脚踩踏板，双手抓握手柄，腿部发力后蹬至膝微屈，另一只脚踩踏板，身体略微后倾，保持腕中立并使掌心相对，动作中始终保持大小臂夹紧身体。

身体稳定：挺胸、收腹、肩下沉、下颌微收。

动作路线：钢线在体前做前后运动。

动作幅度：向前至肘微屈，向后至手柄拉至腹部前方（大臂夹紧）。

呼吸：向后时呼气，向前时吸气。
节奏：4/4拍。

3. 下肢肌群

（1）蹲举。
身体位置：双脚打开与肩同宽，脚尖自然向外微微打开，保持膝微屈并使膝关节朝向脚尖方向，双手环抱于肩或胸前。
身体稳定：挺胸、收腹、肩下沉、下颌微收。
动作路线：身体做上下运动。
动作幅度：向下时蹲至大腿与地面平行或略低，向上时至膝微屈。
呼吸：向下时吸气，向上时呼气。
节奏：4/4拍。

（2）器械坐姿腿屈伸。
身体位置：调节配重后坐在座椅上，后背紧贴靠背，调节靠背使膝关节轴心对准器械轴心，双腿自然打开与肩同宽，挡板调节至小腿末端前上方。
身体稳定：挺胸、收腹、肩下沉、下颌微收。
动作路线：双腿在身体前方做弧线上下运动。
动作幅度：向上至膝微屈，向下至大小腿成90°或略小于90°。
呼吸：向上时呼气，向下时吸气。
节奏：4/4拍。

4. 腹部肌群

卷腹锻炼方法如下。
身体位置：平躺于垫子上，双脚自然打开与肩同宽，屈膝约成90°并使膝关节朝向脚尖方向，腰背平贴于垫子上，双手环抱置胸前。
身体稳定：收腹、肩下沉、下颌微收。
动作路线：身体做弧线上下运动。
动作幅度：向上至肩胛骨离开垫子，向下至肩胛骨贴回垫子。
呼吸：向上时呼气，向下时吸气。
节奏：3/3拍。

5. 肩部肌群

（1）哑铃侧平举。
身体位置：双脚自然开立与肩同宽，膝关节微屈，身体正直，双手持哑铃放于身体两侧，保持肘微屈、腕中立、掌心相对。
身体稳定：挺胸、收腹、肩下沉、下颌微收。
动作路线：哑铃在身体两侧做弧线上下运动。
动作幅度：向上至肩肘平行，向下至双臂平行。
呼吸：向上时呼气，向下时吸气。
节奏：4/4拍。

（2）器械肩上举。
身体位置：双脚自然开立坐在座椅上，后背紧贴靠背，双臂肘关节保持90°，向上抓握手柄，向上推起至肘微屈并保持腕中立。
身体稳定：挺胸、收腹、肩下沉、下颌微收。
动作路线：手柄在身体上方做上下运动。
动作幅度：向上至肘微屈，向下至肩肘平行或肘略低于肩。

呼吸：向上时呼气，向下时吸气。
节奏：4/4拍。

6. 手臂肌群

（1）二头斜板弯举。

身体位置：坐于平凳，调整座椅高度至腰背挺直，单手持哑铃，大臂的1/2或2/3可完全贴在斜板上，保持肘微屈、腕中立、掌心向前，另一只手放在斜板一端保持稳定。

身体稳定：挺胸、收腹、肩下沉、下颌微收。

动作路线：哑铃在身体前方做弧线上下运动。

动作幅度：向上至大小臂90°，向下至肘微屈。

呼吸：向上时呼气，向下时吸气。

节奏：4/4拍。

（2）三头钢线下压。

身体位置：双脚自然开立，肘关节微屈，身体距钢线一小臂距离远，双手握手柄，向下拉至身体前方，上体略微前倾，保持大臂贴紧身体。

身体稳定：挺胸、收腹、肩下沉、下颌微收。

动作路线：钢线在身体前方做上下运动。

动作幅度：向下至肘微屈，向上至大小臂90°或略小于90°。

呼吸：向上时吸气，向下时呼气。

节奏：4/4拍。

（三）抗阻训练注意事项

1. 训练前应充分热身并拉伸目标肌群

抗阻训练前必须进行热身活动，可通过慢跑、踏椭圆机、骑自行车等方式进行，热身后对目标肌群进行拉伸，建议采用静力拉伸。

2. 练习中注重动作质量

任何一项抗阻练习动作都应按照动作要领进行，切勿因为追求强度或次数而导致动作质量下降。抗阻练习常见错误包括肘超伸，手腕不在中立位，肘过低，肩、腰、背过度拱起，躯干超伸、身体摆动借力等。练习中，应避免哑铃或配重相互碰撞。

3. 练习后做好肌肉整理活动

练习后对目标肌群进行再次拉伸，使紧张的肌肉得到放松。除拉伸进行放松外，还可以通过按摩来对紧张的肌肉进行整理。

4. 合理安排练习强度、次数、组数等训练要素

肌力与肌耐力一般采用抗阻训练方法，基于肌力训练、健美训练、肌耐力训练这三种不同的训练目的，训练时应在练习的强度、次数、组数上有所区别（表16-2）

表16-2 不同目的抗阻训练的方法

抗阻练习目的	训练重量	重复次数	组数	组间间歇	每周次数
肌力训练	较重	1~6	2~6	2~5分min	4~6
健美/肌肉训练	中等	6~12	3~6	30~90s	4~6
肌耐力训练	轻	12或以上	2~3	30s以内	2~3

第四篇
民族传统体育与传统养生术

第十七章
24式太极拳

课程资源
扫码即可观看

24式简化太极拳也叫简化太极拳,是国家体委(现国家体育总局)于1956年组织太极拳专家汲取杨氏太极拳之精华编串而成的。尽管它只有24个动作,但相比传统的太极拳套路来讲,其内容更显精练,动作更显规范,并且也能充分体现太极拳的运动特点。

一、起势

两脚开立—两臂前举—屈膝按掌。

二、野马分鬃

① 收脚抱球—左转出步—弓步分手。
② 后坐撇脚—跟步抱球—右转出步—弓步分手。
③ 后坐撇脚—跟步抱球—左转出步—弓步分手。

三、白鹤亮翅

跟半步胸前抱球—后坐举臂—虚步分手。

四、搂膝拗步

① 左转落手—右转收脚举臂—出步屈肘—弓步搂推。
② 后坐撇脚—跟步举臂—出步屈肘—弓步搂推。
③ 后坐撇脚—跟步举臂—出步屈肘—弓步搂推。

五、手挥琵琶

跟步展手—后坐挑掌—虚步合臂。

六、倒卷肱

两手展开—提膝屈肘—撤步错手—后坐推掌,重复四次。

七、左揽雀尾

右转收脚抱球—左转出步—弓步棚臂—左转随臂展掌—后坐右转下捋—左转出步搭腕—弓步前挤—后坐分手屈肘收掌—弓步按掌。

八、右揽雀尾

后坐扣脚、右转分手—回体重收脚抱球—右转出步—弓步棚臂—右转随臂展掌—后坐左转下捋—右转出步搭手—弓步前挤—后坐分手屈肘收掌—弓步推掌。

九、单鞭

左转扣脚—右转收脚展臂—出步勾手—弓步推举。

十、云手

右转落手—左转云手—并步按掌—右转云手—出步按掌，重复三次。

十一、单鞭

斜落步右转举臂—出步勾手—弓步按掌。

十二、高探马

跟步后坐展手—虚步推掌。

十三、右蹬脚

收脚收手—左转出步—弓步画弧—合抱提膝—分手蹬脚。

十四、双峰贯耳

收脚落手—出步收手—弓步贯拳。

十五、转身左蹬脚

后坐扣脚—左转展手—回体重合抱提膝—分手蹬脚。

十六、左下势独立

收脚勾手—蹲身仆步—穿掌下势—撇脚弓腿—扣脚转身—提膝挑掌。

十七、右下势独立

落脚左转勾手—蹲身仆步—穿掌下势—撇脚弓腿—扣脚转身—提膝挑掌。

十八、左右穿梭

落步落手—跟步抱球—右转出步—弓步推架—后坐落手—跟步抱球—左转出步—弓步推架。

十九、海底针

跟步落手—后坐提手—虚步插掌。

二十、闪通臂

收脚举臂—出步翻掌—弓步推架。

二十一、转身搬拦捶

后坐扣脚右转摆掌—收脚握拳—垫步搬捶—跟步旋臂—出步裹拳拦掌—弓步打拳。

二十二、如封似闭

穿臂翻掌—后坐收掌—弓步推掌。

二十三、十字手

后坐扣脚—右转撇脚分手—移重心扣脚划弧。

二十四、收势

收脚合抱—旋臂分手—下落收势。

第十八章 初级长拳

课程资源
扫码即可观看

一、初级长拳第一节

预备式

1. 马步双劈拳

2. 拗弓步冲拳—蹬腿冲拳—马步冲拳

3. 马步双劈拳—拗弓步冲拳

4. 蹬腿冲拳—马步冲拳

二、初级长拳第二节

1. 弓步推掌—拗弓步推掌—弓步搂手砍掌

2. 弓步穿手推拿—弓步推掌

3. 拗弓步推掌—弓步搂手砍掌—弓步穿手推掌

三、初级长拳第三节

1. 虚步上架—马步下压—拗弓步冲拳

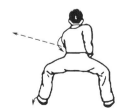

2. 马步冲拳—虚步上架—马步下压—拗弓步冲拳—马步冲拳

四、初级长拳第四节

1. 弓步双摆掌—弓步穿掌

2. 推掌弹踢—弓步上架推掌—弓步双摆掌

3. 弓步撩掌—推掌弹踢—弓步上架推掌

收势

第十九章 国际第二套竞赛套路刀术

课程资源
扫码即可观看

第一节　国际第二套竞赛套路刀术动作名称

1. 国际第二套竞赛套路刀术第一段动作名称：

抱刀单拍脚—虚步抱刀—抡臂拍地—弓步推掌—接刀右剪腕花—上步扎刀—转身缠头刀—转身裹脑刀—前点步上扎刀。

2. 国际第二套竞赛套路刀术第二段动作名称

击步腾空飞脚—接刀旋风脚—退步裹脑刀—右剪腕花平云刀—提膝抹刀—弓步扎刀—提膝背刀—上步缠头刀—弓步扎刀—弓步藏刀。

3. 国际第二套竞赛套路刀术第三段动作名称

转身缠头刀—半蹲步扎刀—马步藏刀推掌—扣膝扎刀—退步左右剪腕花—跪步云刀—转身裹脑刀—提膝藏刀推掌。

4. 国际第二套竞赛套路刀术第四段动作名称

上步扎刀—缠头弓步藏刀—并步平斩刀—转身缠头弓步藏刀—收势。

第二节　国际第二套竞赛套路刀术动作练习方法

1. 预备式

动作细节：并步自然站立，左手抱刀垂于体侧，挺胸抬头目视前方。右手上提至腰间，迅速向身体斜前方做斜插掌动作，顺势上撩掌。

要点提示：撩掌时由下向上。

2. 抱刀单拍脚

动作细节：右掌由上方收至左肩前，同时左手抱刀向左斜前方上抬。左脚向右斜前方上步，同时左手抱刀收于左腰间。接上式，做右侧高单拍动作。

要点提示：脚尖过肩，击拍清脆。

3. 虚步抱刀

动作细节：两手沿逆时针方向划圆至身体右侧，与肩同高，右臂伸直立掌，左手立掌于右肩前。接上式，身体左转90°成左虚步，左臂顺势横摆，右手顺势收于左肩前，目视前方。

要点提示：摆臂时要成立圆。

4. 抡臂拍地

动作细节：两臂成一直线，发力顺达。目视右掌，拍地时左手抱刀贴于左腰间。

5. 弓步推掌

　　动作细节：弓步水平，后腿蹬直，上身微前倾，左手抱刀贴于左腰间，右手向右后方斜推掌。目视右掌推掌方向。

6. 接刀剪腕花

　　动作细节：右手在体前接刀，经头顶正上方到身体右侧，做剪腕花动作，手腕灵活放松，刀在右手臂两侧做立圆。

7. 上步扎刀

　　动作细节：上左步，右手握刀收于右腰间；上右步右手扎刀，左手平架于身体左侧。

8. 转身缠头刀

动作细节：接上式，撤左步向左转身180°，成高马步，做缠头动作。

9. 转身裹脑刀

动作细节：向右转身180°平拉刀，继续向右转180°做裹脑刀，成左弓步平云刀。

10. 前点步上扎刀

动作细节：剪腕花震脚，右手扎刀。

11. 击步腾空飞脚

动作细节：左手接刀，右脚上步于左脚前，双手下落于胸前，交叉，上左步做击步动作，两臂打开成一直线，侧平举，目视左手方向；上右步，抡臂做腾空飞脚动作；落地后右脚在前，右臂伸直。

12. 接刀旋风脚

动作细节：上左步，右手接刀，推左掌与肩同高，右手握刀做缠头刀，上右步推劈刀，右手与腰同高，刀尖斜向上，左手放于右肩前；做旋风脚动作，落地接马步，右手握刀藏于左腰间，左手臂架于头顶上方。

13. 退步裹脑刀

动作细节：撤步平拉刀，退步裹脑刀，左手成立掌与肩同高，目视左掌。

14. 右剪腕花平云刀

动作细节：右手在体前接刀，经头顶正上方到身体右侧，与肩同高，做剪腕花动作，手腕灵活放松，刀在右手臂两侧做立圆。

15. 提膝抹刀

动作细节：向右转身，两臂打平成一直线，与肩同高，提右膝，重心上提，上身微前倾。

16. 弓步扎刀

动作细节：右脚落地成弓步，右手扎刀，转身成左弓步，右手扎刀，目视刀尖方向。

17. 提膝背刀

　　动作细节：左手成掌，手臂伸直，与肩同高，刀从体前斜下方向右上方上撩，背于右肩上。

18. 上步缠头刀

　　动作细节：接上式，落地左脚在前，上两步同时做缠头刀，走两次。

19. 弓步扎刀

　　动作细节：上右步成弓步，右手扎刀。刀与手臂呈一条直线，目视前方。

20. 弓步藏刀

动作细节：并左步，向右转身平拉刀，顺势迈右步成右弓步，藏刀推掌。

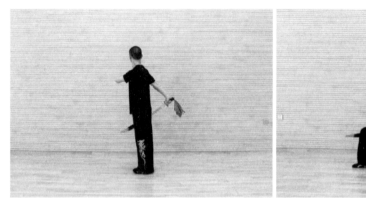

21. 转身缠头刀

起身上步向左转身，同时做缠头动作，顺势出左掌，目视左掌方向，右手握刀贴与腹部。

22. 半蹲步扎刀

动作细节：上右步成并步半蹲，向前下方扎刀，左手向后上方插掌，目视刀尖。

23. 马步藏刀推掌

动作细节：右手经头上做外花，上左步成马步，同时前推左掌，右手握刀藏于腰间。

24. 扣膝扎刀

动作细节：上右步，左脚扣于右膝后侧，右腿半蹲，右手向前扎刀，与肩同高；左手向后上方插掌。

25. 退步左右剪腕花

动作细节：向后落左脚，身体微右转，撤右步，同时向前下方扎刀成左弓步，然后做左右剪腕花动作，刀要贴身。

26. 跪步云刀

动作细节：右膝跪地，右手握刀在头顶划平圆云刀，左手顺势贴于刀背，划圆后右手握刀放于左腰间。

27. 转身裹脑刀

动作细节：起身向右后转身，上左步，再撤右步，同时做裹脑刀动作，刀要贴身，上左步时左手打开，上右步时左手立于右肩前。

28. 提膝藏刀推掌

动作细节：重心移至右腿，提左膝，脚背绷直，右手握刀后拉，刀身贴住右腿外侧，左手成掌向前推出，掌根与肩同高。

29. 上步扎刀

动作细节：接上式，落左脚，左手收回放于右肩前，上右步同时扎刀，刀与手臂成一条直线，与肩同高，左手顺势向左侧插掌，目视刀尖方向。

30. 转身缠头刀

动作细节：接上式，收左脚，同时做缠头动作，顺势接左弓步，右手握刀收于左腰间，左掌架于头顶上方。目视前方。

31. 并步平斩刀

动作细节：左腿蹬地发力，快速收于右脚内侧成并步姿势，右手做平斩刀动作至身体右侧，右手与肩同高。

32. 缠头弓步藏刀

动作细节：起身撤左步，右脚在前，左脚在后，同时做缠头刀动作，然后撤右步成左弓步，左手成掌架于头顶上方，右手握刀，放于左腰间，目视前方。

33. 收势

动作细节：重心右移成右弓步，同时做裹脑刀动作。刀绕至左肩处，左手顺势接刀，右手成掌经腰间向外打开，同时收左脚并步，右手挑掌，左手抱刀收于左腰间，同时左摆头。身体转向起势方向，并步站立。

第二十章
初级剑术

课程资源
扫码即可观看

一、预备式

二、第一段

1. 弓步直刺

2. 回身后劈

3. 弓步平抹

4. 弓步左撩

5. 提膝平斩

6. 回身下刺

7. 挂剑直刺

8. 虚步架剑

三、第二段

1. 虚步平劈

2. 弓步下劈

3. 带剑前点

4. 提膝下截

5. 提膝直刺

6. 回身平崩

7. 歇步下劈

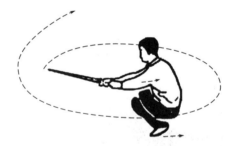

8. 提膝下点

四、第三段

1. 并步直刺

2. 弓步上挑

4. 右截腕

6. 跃步上挑

3. 歇步下劈

5. 左截腕

7. 仆步下压

8. 提膝直刺

五、第四段

1. 弓步平劈

2. 回身后撩

3. 歇步上崩

4. 弓步斜削

5. 进步左撩

6. 进步右撩

第二十一章 少林阴手棍

课程资源
扫码即可观看

第一节 少林阴手棍概述

一、少林阴手棍简介

阴手棍是两手虎口相对，俯掌握棍而得名。其棍以扫、劈、架、摔、点、挑为主，此外还有舞花、缠绕、云顶等棍法。阴手棍是少林棍术中最具有代表性的棍术之一，它和一般的少林棍有明显的不同，所谓阴者，就是把这个动作用反打的方式表现出来，不按正常的思维逻辑进行演练，往往是在看到演练动作时会猜想下面动作是什么样子，可是按照猜想得出的结果却是错的，因为这套棍法指上打下，声东击西，忽左忽右，令人捉摸不定，防不胜防。阴手棍法，演练路线往返四趟，多为直线。

二、少林阴手棍套路动作名称

第一段

1. 预备势
2. 马步抱棍（定心棍）
3. 弓步背棍（苏秦背铜）
4. 马步挑棍（左右挑棍）
5. 弓步盖打（右劈山）
6. 仆步摔棍（金童击蛇）
7. 弓步拉棍（乌龙摆尾）

第二段

8. 左右虚步推棍（左右顶天柱）
9. 弹腿云棍（青蛇戏膝）
10. 弓步横扫棍（右挡马）
11. 弓步云棍横扫（云棍左挡马）
12. 丁字步背棍（背棍小提鞋）
13. 弓步架棍（剖腹棍）

第三段

14. 弓步压棍（张飞拖矛）
15. 翻身盖把（回马盖顶）
16. 弓步横扫棍（饿虎拦路）
17. 右弓步盖把（拨火凤点头）
18. 仆步拉棍（青龙归海）
19. 提膝独立（仙人指路）
20. 前跳步拦拿扎棍（蛟龙三缠棍）

第四段

21. 戳棍倒把（白蛇吐信）
22. 马步斜劈棍（劈山势）
23. 左右仆步扫棍（左右扫堂）
24. 提膝斜劈棍（滚身劈山）
25. 马步架棍（罗王坐山势）
26. 收势

第二节 少林阴手棍套路动作图解

1. 预备势

立正持棍：两脚并拢直立，左臂下垂，左手轻贴腿侧；右手握棍中段，棍立于身体右前侧。目视前方（图21-1）。

2. 马步抱棍（定心棍）

（1）左腿支撑重心，右脚内侧向左踢棍把，使棍把段向左上绕摆。右脚顺势落在身体右侧呈马步。右手抱棍于胸前，左手成掌盖于右手上。

（2）上动稍停，接着右腿伸直，左腿屈膝提起；同时，右肘后撤，使棍横抱于胸前，推左掌（图21-2）。

图21-1

图21-2

3. 弓步背棍（苏秦背铜）

左脚向左前落步，左手变掌向下压棍使棍梢向下，环绕两周后于身后成背棍；与此同时，左脚蹬地跳起，右脚向前跨步落地，屈膝微蹲，左腿屈膝提起，上体微右转，左掌收至右腋前，稍停。接着左脚向左上成左弓步，随之左掌向左推出成立掌，指尖与鼻同高。眼随手视（图21-3）。

4. 马步挑棍（左右挑棍）

（1）两腿稍立起，右脚向前迈步，上体左转；同时，使棍把向下、向前、向上挑，左手握住棍梢放于腰间。目视棍把方向。

图21-3

（2）上动不停，两腿等地腾空转身接马步，棍把向下、向前、向上绕至前上方，做挑棍动作；目视棍把方向。以上分解动作要连贯完成（图21-4）。

图21-4

5. 弓步盖打（右劈山）

身体左转，重心移向左，腿成左弓步；随之左手滑握棍梢段，右手滑握棍的中段，使棍把向上，以把段为力点向下劈棍，棍把与眉同高，左手握棍于左胯旁。目视棍把方向（图21-5）。

6. 仆步摔棍（金童击蛇）

（1）两腿立起，右脚向前上步，右手滑握棍把段，左手换握棍，虎口对棍梢，使棍梢向上、向前、向下绕转于右前下方；同时，左手滑握棍把段，两手交叉握棍于胸前。目视棍梢方向。

图21-5

（2）上动不停，左脚向右脚并拢，两腿屈膝半蹲；同时，棍梢继续向下绕至后上方，两手握棍上举；接着两脚蹬地跳起，使身体腾空，挺胸展腹，两手尽量后举。目视前方。

（3）上动不停，两脚下落成左仆步；同时，右手滑握棍把处，左手滑压棍把段，使棍向前下摔，棍梢段触地。目视棍梢方向（图21-6）。

图21-6

7. 弓步拉棍（乌龙摆尾）

（1）两腿伸起成马步势，两手顺握棍，左手内旋手心向上，右手翘腕，手心向前，使棍梢段向上拦拨，棍的把段横于胸前。接着两手持棍，左手内旋，手心向下，右手扣腕，手心向后，使棍梢段向上、向前、向下圈拿，两手握棍使把段横贴于腹部。目视棍梢。

（2）上动不停，重心移向右腿成弓步，身体向右倾；同时，右臂屈肘，右手向上翻腕，手心向上，左手继续内旋扣腕，手心向后，使棍梢段向下、向后外拨，使棍右上、左下斜贴于肋前。目视左方（图21-7）。

图21-7

8. 左右虚步推棍（左右顶天柱）

（1）左虚步推棍（左顶天柱）：身体右转，重心移向右腿，左腿向前半步，两腿微屈，左手滑握棍梢段；右手握棍向上提起，左手握棍向右前推，使棍梢向下立于体前；接着左脚向前上步成左虚步；同时，两手握棍使棍把向后绕至体前于左脚尖内侧上方，左手在上，右手在下，使棍立举于体前。目视前下方。

（2）右虚步推棍（右顶天柱）：上动不停，右脚向前上步成右虚步；同时，两手握棍使棍梢向后绕至体前于右脚内侧上方，右手在上，左手在下，使棍立举于体前。目视前下方（图21-8）。

以上两个分解动作要连贯完成。

图21-8

9. 弹腿云棍（青蛇戏膝）

右手向后、向下压棍于右腰间，使棍梢向前上挑，棍梢尽量与腰同高；同时，右脚脚面绷直，向前、向上弹踢。目视棍梢（图21-9）。

10. 弓步横扫棍（右挡马）

（1）右脚向前落地，右腿支撑重心，左腿屈膝提起，上体右转；同时，使棍梢向上绕至身体右侧，两手交叉抱棍横于胸前。目视棍梢。

（2）上动不停，左脚向左落地，左腿支撑重心，右腿屈膝，身体继续右转，随转体方向左手向下压棍，使棍梢向下、向后、向上绕至头前上方，左手滑握棍的中段，将棍斜立于身体右侧。目视前方。

（3）上动不停，右脚向前落步，重心在左腿成左弓步；同时，左手换握棍，虎口对棍把，使棍把向后、向上，再向前、向下绕至体前，与膝同高，两手交叉握棍，将棍中段夹于腋下。目视棍把（图21-10）。

（4）上动不停，重心移向右腿，身体

图21-9

图21-10

右转成右弓步；同时，使棍把向右上拨击，棍把与眉同高，两手握棍姿势不变。目视棍把方向。

以上分解动作要连贯完成。

11. 弓步云棍横扫（云棍左挡马）

两腿立起，身体左转，随之两臂上举，棍在头上方，棍把向左平绕一周；接着左手换握，虎口对棍梢，右手向前、向左、向下，再向后使棍把段绕至腋下，左手随之向后、向右、向前、向左使棍梢平绕；同时，身体左转，成左弓步，使棍把段贴于身体左侧，棍梢与眉同高。目视棍梢方向（图21-11）。

图21-11

12. 丁字步背棍（背棍小提鞋）

（1）两腿立起，左脚内扣，身体右转，两手握棍，使棍梢向上、向后、向前绕至身体左侧；接着身体继续右转，棍梢随之向上、向后、向下绕至右脚外侧，左手向把段方向滑握，两手在胸前上下交叉握棍；随之左脚向前上步，棍梢向后、向上绕至体前。目视棍梢方向。

（2）上动不停，左手换握棍，虎口对棍把，向下压棍，使棍把向上、向前、向下绕至体前下方，左手至右腋下，手心向上；同时，重心移向左腿，左腿微屈膝，右脚抬起；接着左脚蹬地跳起，右脚向前跨步，屈膝下蹲，左脚收至右脚跟内侧，前脚掌触地，重心偏于右腿；同时背棍于身体右后侧，左手向后拇指张开，虎口按于脚跟上。目视后方。

图21-12

（3）震脚踹腿——右脚伸起支撑重心，上体前倾；同时，左腿由屈到伸，脚尖勾起，以脚跟为力点向后蹬出，左手随蹬腿向后撩起，头左转。目视左脚方向（图21-12）。

13. 弓步架棍（剖腹棍）

左脚向前落步，左手在右腋下握棍梢段，虎口对棍把，右手上抬使棍把上挑；接着右脚向前上步成右弓步，棍把继续向后、向下，棍把与膝同高，身体微左转，两手握棍将棍斜举于身体右侧。目视右下方（图21-13）。

图21-13

14. 弓步压棍（张飞拖矛）

身体左转成左弓步；同时，上体左倾，右手握棍，使棍把向后、向上、向前、向下，下压棍把，两臂微屈，将棍中段斜贴于右肋处。目视右前方（图21-14）。

15. 翻身盖把（回马盖顶）

右脚向左上步，右腿支撑重心，左脚向后抬起，然后右脚蹬地跳起，左脚向前跨一大步，左腿支撑重心，右腿屈膝向前提起，身体向左转；同时，棍把随身体左转向下，向右绕至身体右侧，接着以左脚为轴，向左后转体180°，右脚落地成马步；随转体，棍把继续向上抡绕成马步时，棍把段由上向身体右侧劈盖，两臂微屈，左手握棍于腰间，棍把与肩同高。目视棍把方向（图21-15）。

16. 弓步横扫棍（饿虎拦路）

（1）右手向把段滑握，右脚向左后方撤一步，重心移向右腿，身体右转成右弓步；随体转，左手向中段滑握，使棍梢段向右上横击，棍梢与眉同高，棍把段紧贴右腰间。目视棍梢。

（2）上动不停，重心移向左腿，身体左转，左手向棍把段滑握，右手向中段滑握；随体转，左手回拉，右手横推，使棍把段向左上横击，棍把与眉同高，棍梢段紧贴在腰间。目视棍把方向（图21-16）。

17. 右弓步盖把（拨火凤点头）

（1）左脚内扣，右腿屈膝提起，身体右转；随之左手推，右手回拉，使棍把向右、向下、向后拨棍于身体侧后下方。上体稍前倾。目视右下方。此为"拨火势"。

（2）上动稍停，右脚向右落地成右弓步，右手握棍使棍把向后、向上、向左前以棍把为力点下击，棍把与头同高。目视棍把方向。此为"凤点头势"（图21-17）。

18. 仆步拉棍（青龙归海）

右手滑握棍把，右腿全蹲左腿伸直下仆，上体左转并微前倾，右手握棍把使棍向下，向左沿地面经左腿内侧穿出，左手换握，虎口对棍梢，向右手滑向把段。目视棍梢（图21-18）。

图21-14

图21-15

图21-16

图21-17

图21-18

19. 提膝独立（仙人指路）

右腿蹬直，重心移向左腿成左弓步，随之两手握棍把向前推出；接着左脚蹬地屈膝提起，右腿站直支撑重心，身体右转，随之右手握棍向上、向右拉举，使棍中段横架于头上方，左手脱棍变剑指向左伸臂平指，手心向下（图21-19）。

图21-19

20. 前跳步拦拿扎棍（蛟龙三缠棍）

（1）左脚向左落地，左腿支撑重心，右腿屈膝向上抬起；同时，右臂屈肘，右手握棍下落于右肩前，手心向前。左手握棍中段处，手心向上。目视棍梢。

（2）上动不停，左脚蹬地跳起，随之右脚向左跨步落地，腿微屈支撑重心，左腿屈膝，脚向后抬起；同时，右手握把向前、向下翻腕压把于腰间，左手向后、向上、向前使棍梢在身体左侧缠绕一小圈，手心翻向下，上体左转稍前倾。目视棍梢。

以上（1）和（2）两个动作为第一个"蛟龙缠棍"。

（3）上动稍停，左脚向左前落地，左腿支撑重心，右腿屈膝向上抬起；同时，右手向上翻腕于右肩旁，手心向前，左手握棍中段，手心翻向下，使棍梢下落与左膝同高，上体微右转。目视棍梢。

（4）上动不停，左脚蹬地跳起，随之右脚向左跨步落地，腿微屈支撑重心，左腿屈膝，脚向后抬起；同时，右手握把向前、向下翻腕压把于腰间，左手向后、向上、向前使棍梢在身体左侧缠绕一小圈，手心翻向下，上体左转稍前倾。目视棍梢。

以上（3）和（4）两个动作为第二个"蛟龙缠棍"。

（5）上动稍停，左脚向左前落地，左腿支撑重心，右腿屈膝同上抬起；右手向上翻腕于右肩旁，手心向前，左手握棍中段，手心翻向下，使棍梢下落与左膝同高，上体微右转。目视棍梢。

（6）震脚戳棍——上动不停，左脚向前落步成左弓步；同时，右手握棍把向前伸臂平戳棍，目视棍梢（图21-20）。

图21-20

以上（5）（6）动作为第三个"蛟龙缠棍"。

21. 戳棍倒把（白蛇吐信）

左手向右滑棍把，接着身体微右转，右脚收至左脚内侧，脚尖点地，左腿屈膝全蹲；同时，左手滑握棍梢段屈膝使棍向左平戳；右手滑握棍中段，头右转。目视棍把方向（图21-21）。

22. 马步斜劈棍（劈山势）

两腿伸起，右脚向右跨一步，重心移向右腿，右手滑握棍把处，屈臂上抬，左手滑握棍中段，使棍梢略低；接着左脚向身体右侧上步；同时，向右后转体180°，两腿屈膝半蹲成马步；随转体两手握棍以棍梢段为力点，经头左上方，抡绕下劈至身体左侧，两手平端棍，与腰同高，右手握棍紧贴于腰间。目视棍梢（图21-22）。

23. 左右仆步扫棍（左右扫堂）

（1）接上动，两腿伸起，左脚稍回收，重心移向右腿，左手向右滑握棍把段，右手脱棍及时向左手前再握棍把段，两手在胸前交叉握棍，使棍把

图21-21

图21-22

置上体右前侧。目视棍梢。

（2）上动不停，右脚向左前上一步，重心移向右腿；同时，两手握棍向头上平举使棍梢向左绕于后上方，在绕棍时两手滑握棍把段，两臂微屈将棍举于头的右侧后上方。目视左方。

（3）上动不停，身体左转，重心移向左腿，并屈膝全蹲，右腿伸直向下仆；随转体仆步的同时，左手滑握棍把以棍消段为力点，向右、向前、向下、向左擦地扫棍。上体向右前倾，目视棍梢。

以上三个动作要连贯完成，此为"左扫棍"。

（4）左腿伸起，上体起立，右脚回收，右手向棍把处滑握，左手脱握及时向右手前再握棍把段处，两手在胸前交叉握棍，使棍把段置于上体左前侧。目视棍梢。

（5）上动不停，左脚向右前上一步，重心移向左腿；同时，两手握棍向头上方平举，并使棍梢向上、向右绕于后上方。在平绕棍时，两手滑握棍把段处，两臂微屈，将棍举于头的左侧后上方。目视右方（图21-23）。

（6）与（3）同，动作相同，方向相反。

以上（4）（5）（6）三个动作要连贯完成，此为"右扫棍"。

图21-23

24. 提膝斜劈棍（滚身劈山）

（1）两腿伸起站立，左脚稍回收，重心移向左腿；同时，左手滑握棍梢，右手滑握把段，将棍斜向提于体前，接着身体向左按转，右手滑握棍中段，使棍梢随体转向下、向右、向后、向上绕至头前上方，左手脱把向右手下再握棍把段，将棍立举于体前。

（2）上动不停，身体左转，随之右脚绕过左脚向前上步扣脚，并将重心移向右腿；同时，左手滑握棍把，右手滑握把段处，将棍斜置于身体后侧。目视棍梢。

（3）上动不停，身体继续向左后转270°，左腿屈膝提起，右腿支撑重心，随转体，借助上体的拧劲，两手握棍把段使棍向前、向上猛力向左、向上抡劈，将棍劈至身体左前方，两手握棍于胯旁，棍梢与膝同高。目视棍梢（图21-24）。

图21-24

25. 马步架棍（罗王坐山势）

（1）左脚向前落步，重心移向左腿，右手滑握棍中段向上后拉，使棍梢段向上、向右、向后抡棍，上体微右转，将棍斜向横于胸前，接着重心全部移至左腿，上体微左转，随之右腿由屈到伸，脚跟擦地向前踢出，脚尖勾起与膝同高；与踢腿同时，棍梢向后、向下、向前、向上挑，棍梢同头高，左手胯前握棍，使棍斜置于身体左侧。目视前方。

（2）上动不停，身体右转，随体转两手握棍将棍立于身体右前；同时，右腿屈膝，右脚向左脚内侧踏地震脚，左腿屈膝提起，接着左脚向左落成马步，两手握棍将棍斜抱于体前。头猛左转；同时，呼出"威"声。目视左侧（图21-25）。

图21-25

26. 收势

两腿立起，左脚向右脚并步直立，左手脱棍将棍立于身体右侧，左手变掌贴立于左大腿侧。目视前方（图21-26）。

图21-26

第二十二章 40式太极拳

课程资源
扫码即可观看

一、40式杨式太极拳动作名称

1. 起势，2. 揽雀尾，3. 单鞭，4. 提手上势，5. 白鹤亮翅，6. 搂膝拗步，7. 手挥琵琶，8. 搬拦捶，9. 如封似闭。10. 斜飞势，11. 肘底捶，12. 倒卷肱，13. 左右穿梭，14. 左右野马分鬃。15. 云手，16. 单鞭，17. 高探马，18. 右蹬脚，19. 双峰贯耳，20. 左分脚，21. 转身右蹬脚，22. 海底针，23. 闪通背。24. 白蛇吐信，25. 右拍脚，26. 左右伏虎势，27. 右下势，28. 金鸡独立，29. 指裆捶，30. 揽雀尾，31. 单鞭，32. 左下势，33. 上步七星，34. 退步跨虎，35. 转身摆莲，36. 弯弓射虎，37. 搬拦捶，38. 如封似闭，39. 十字手，40. 收势。

二、杨式40式太极拳动作技术

预备式，身体自然直立，心静体松。

1. 起势

左脚开半步，与肩同宽，两脚平行；两手前平举；沉肩垂肘，落按在大腿两侧，掌心向下，五指向前（图22-1～图22-4）。

2. 揽雀尾

右撇脚成左丁步，双手右抱球；左脚向前上步，弓步前掤左臂；内扣左脚，收右脚，右丁步，左抱球；转身上右步，右手掤、捋、挤、按（图22-5～图22-18）。

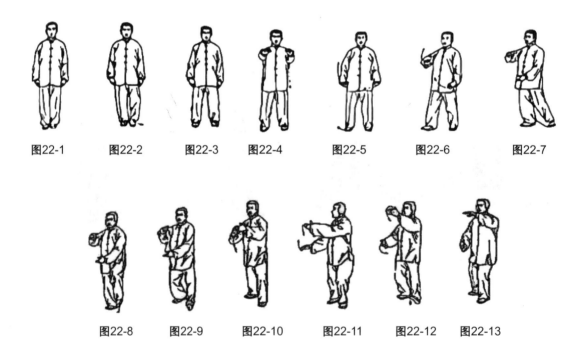

图22-1　图22-2　图22-3　图22-4　图22-5　图22-6　图22-7

图22-8　图22-9　图22-10　图22-11　图22-12　图22-13

图22-14　　图22-15　　图22-16　　图22-17　　图22-18

3. 单鞭

扣右脚，双手向左平抹；右移重心至右腿，收左脚，双手向右平抹，勾右手左立掌；转身上左脚，左弓步推左掌（图22-19～图22-24）。

图22-19　　图22-20　　图22-21　　图22-22　　图22-23　　图22-24

4. 提手上势

坐右腿右转体，扣左脚，移重心于左腿，移右脚向正前方，成右虚步；两手相合于体前，成左手挥琵琶（图22-25和图22-26）。

图22-25　　图22-26

5. 白鹤亮翅

左转腰撤右脚，重心移于右腿，右掌划弧成左抱球；左脚向右脚前迈步，成左虚步；两手分掌亮翅（图22-27～图22-29）。

图22-27　　图22-28　　图22-29

6. 搂膝拗步

转腰摆手收左脚，上左步弓步搂手推掌；后坐右腿，外撇左脚，做第二个和第三个搂膝拗步（图22-30～图22-44）。

图22-30　　图22-31　　图22-32　　图22-33　　图22-34　　图22-35　　图22-36

图22-37　　图22-38　　图22-39　　图22-40　　图22-41　　图22-42　　图22-43　　图22-44

7. 手挥琵琶

跟右步坐腿，左脚跟点地成左虚步，身体左转，左掌前挑于胸前；右掌举于左肘里侧，合手（图22-45～图22-47）。

图22-45　　图22-46　　图22-47

8. 搬拦捶

转腰外撇左脚握拳，上右步右拳经下、里、上弧形向前搬出，左掌自前而下弧形收于胸前，掌心向右；左虚步拦掌，右拳收腰间；左弓步冲拳，左掌立于右肘里侧（图22-48～图22-52）。

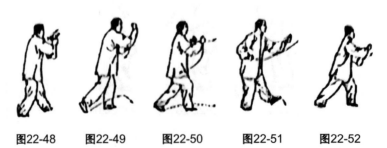

图22-48　　图22-49　　图22-50　　图22-51　　图22-52

9. 如封似闭

后坐成左虚步,左手从右腕下穿出,两掌屈收于胸前;蹬地前移,左弓步,翻掌掌心向前按出(图22-53~图22-56)。

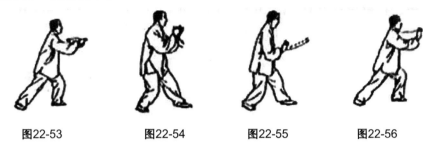

图22-53　　　　图22-54　　　　图22-55　　　　图22-56

10. 斜飞势

坐右腿转身扣左脚,左抱球;收右脚,转身上右步,右弓步分手(图22-57~图22-61)。

图22-57　　　图22-58　　　图22-59　　　图22-60　　　图22-61

11. 肘底捶

坐左腿左转扣右脚,坐右腿,右抱球,提左膝;摆左步,向左双手平抹;跟右步,从右臂内侧穿举左掌;坐右腿,左脚跟着地,成左虚步;右掌变拳收于左肘内侧(图22-62~图22-68)。

图22-62　　图22-63　　图22-64　　图22-65　　图22-66　　图22-67　　图22-68

12. 倒卷肱

退步撒手,虚步推掌,左右相同(图22-69~图22-77)。

图22-69　　　图22-70　　　图22-71　　　图22-72　　　图22-73

图22-74　　　图22-75　　　图22-76　　　图22-77

13. 左右穿梭

扣左脚右转身，坐左腿，提右膝，右脚尖外撇落地，右抱球；左前方上步，弓步架推掌；上左脚，架左掌；左弓步，推右掌。左势与右势动作相同，方向相反（图22-78～图22-88）。

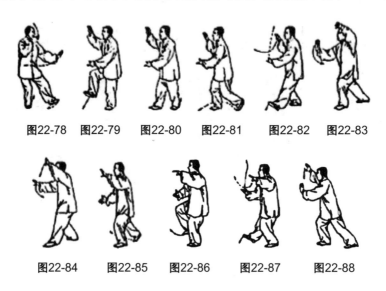

图22-78　图22-79　图22-80　图22-81　图22-82　图22-83

图22-84　　图22-85　　图22-86　　图22-87　　图22-88

14. 左右野马分鬃

先后坐，跟左脚左丁步右抱球，左前方上步，弓步分手；正前方上步，弓步分手（图22-89～图22-98）。

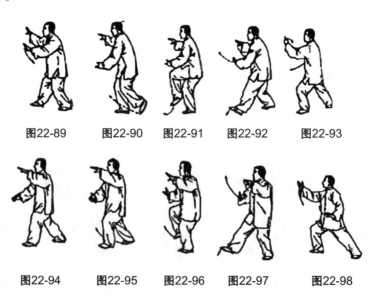

图22-89　图22-90　图22-91　图22-92　图22-93

图22-94　图22-95　图22-96　图22-97　图22-98

15. 云手

左转体，左云收脚，右云开步，共做三次（图22-99～图22-109）。

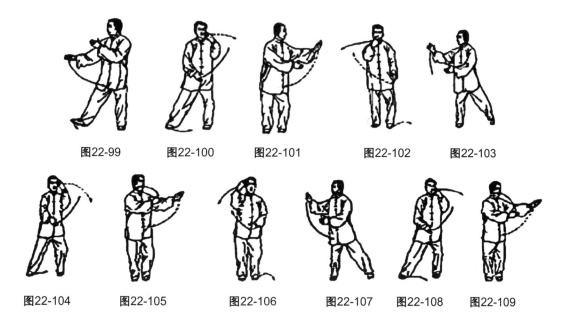

图22-99　　图22-100　　图22-101　　图22-102　　图22-103

图22-104　　图22-105　　图22-106　　图22-107　　图22-108　　图22-109

16. 单鞭

勾右手，提左脚，左转身上左步，左手收于胸前；左弓步，前推左掌（图22-110～图22-115）。

图22-110　　图22-111　　图22-112　　图22-113　　图22-114　　图22-115

17. 高探马

跟右步，坐右腿；左虚步，翻左掌收于腹前，右掌前按（图22-116～图22-119）。

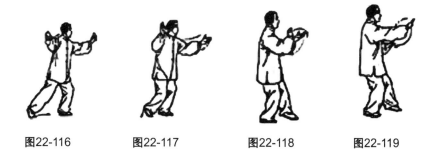

图22-116　　图22-117　　图22-118　　图22-119

18. 右蹬脚

提左膝,上左弓步,左手穿右掌;提右膝,双手合抱于胸前;蹬右脚,分手(图22-120~图22-126)。

图22-120　　图22-121　　图22-122　　图22-123　　图22-124　　图22-125　　图22-126

19. 双峰贯耳

屈腿并手,落脚收掌;弓步贯拳(图22-127~图22-130)。

图22-127　　　图22-128　　　图22-129　　　图22-130

20. 左分脚

后坐撇右脚,分双掌,弓步搂手;提膝抱手;蹬脚分手(图22-131~图22-134)。

图22-131　　　图22-132　　　图22-133　　　图22-134

21. 转身右蹬脚

右脚为轴,右后转体;左脚随转体自左向右交叉于右腿前,双腿下蹲,右转身,重心于左腿,成右丁步,双手合抱于胸前;提右膝;右脚蹬出,分两掌(图22-135~图22-138)。

图22-135　　　图22-136　　　图22-137　　　图22-138

22. 海底针

右转体，右脚落步于左脚后，接重心移于右腿，成左虚步；右掌划立圆插掌；左掌弧形按于左膝（图22-139～图22-141）。

图22-139　　　图22-140　　　图22-141

23. 闪通背

右转搭手；左弓步，分手，左掌向前推掌（图22-142～图2-145）。

图22-142　　图22-143　　图22-144　　图22-145

24. 白蛇吐信

坐右腿，扣左脚，右转身，右虚步搬拳；右弓步推左掌（图22-146～图22-150）。

图22-146　　图22-147　　图22-148　　图22-149　　图22-150

25. 右拍脚

左脚上步，脚尖外撇，两腿交叉蹲，两手分掌，搂手合抱；向前拍踢右脚（图22-151～图2-156）。

图22-151　　图22-152　　图22-153　　图22-154　　图22-155　　图22-156

26. 左右伏虎势

右脚落左脚内，左掌体前划弧于右臂前；左转体，左脚左后撤步；左脚跟内转踏实；左腿屈膝成左弓步；两掌向下、向左摆；左掌变拳架于左上方，拳眼向下；右掌变拳收于左肋，拳眼向上。坐右腿扣左脚，双拳变掌下划弧右摆，提右脚，上步成右弓步（图22-157～图22-165）。

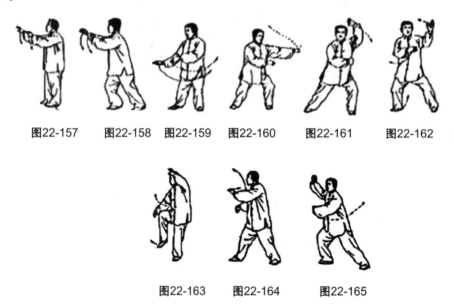

图22-157　图22-158　图22-159　图22-160　图22-161　图22-162

图22-163　图22-164　图22-165

27. 右下势

右转，成右仆步；左拳变掌由下、向后、向上划弧，右拳变掌经右胸向下，沿右腿里侧向前穿出，掌指向前；上体微前俯（图22-166～图22-168）。

图22-166　图22-167　图22-168

28. 金鸡独立

重心前移提左膝；落左脚，提右膝，挑右掌（图22-169～图22-173）。

图22-169　图22-170　图22-171　图22-172　图22-173

29. 指裆捶

落右脚，横摆左手，上左步成弓步，握右拳冲打（图22-174～图22-177）。

图22-174　　　图22-175　　　图22-176　　　图22-177

30. 揽雀尾

撇左脚，跟右脚，转身左抱球；上右步，右弓步掤右手，捋、挤、按动作同前（图22-178～图22-189）。

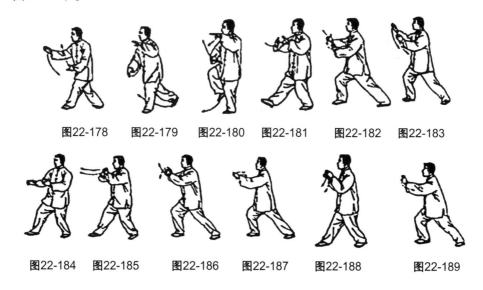

图22-178　图22-179　图22-180　图22-181　图22-182　图22-183

图22-184　图22-185　图22-186　图22-187　图22-188　图22-189

31. 单鞭

左转身扣右脚，平抹双手；右脚支撑，收左脚、右勾手、立左掌；上左脚，左弓步推掌（图22-190～图22-195）。

图22-190　图22-191　图22-192　图22-193　图22-194　图22-195

32. 左下势

坐右腿，左仆步，穿左掌（图22-196~图22-198）。

图22-196　　　图22-197　　　图22-198

33. 上步七星

左弓步挑掌；上右步，成右虚步，两手变拳在胸前交叉成十字，右拳心向前；左拳心向里（图22-199~图22-202）。

图22-199　　　图22-200　　　图22-201　　　图22-202

34. 退步跨虎

退右步坐右腿，左虚步，右上左下分掌（图22-203和图22-204）。

35. 转身摆莲

踮右脚右转身，向内划弧；扣左脚，左腿支撑，右掌摆至右前方掌心向下，左掌于右前臂内，掌心向里；右脚绷平，由左向右上摆踢，两掌自右向左弧形拍击脚面（图22-205~图22-212）。

图22-203　　图22-204

图22-205　图22-206　图22-207　图22-208　图22-209　图22-210　图22-211　图22-212

36. 弯弓射虎

右侧前落脚，两掌自左向右下拍按；右转身成右弓步，右掌变拳架头上，左拳由胸前向左

前方打出（图22-213～图22-215）

图22-213　　　图22-214　　　图22-215

37. 搬拦捶

左转体，左脚外撇接支撑，右腿前迈成步虚步，左拳变掌向左上方划弧下按，右拳下落腹前，由下向上弧形向前搬出；上左脚成虚步；左弓步，右拳捶出（图22-216～图22-221）。

38. 如封似闭

坐腿穿手，翻掌弓步推按（图22-222～图22-225）。

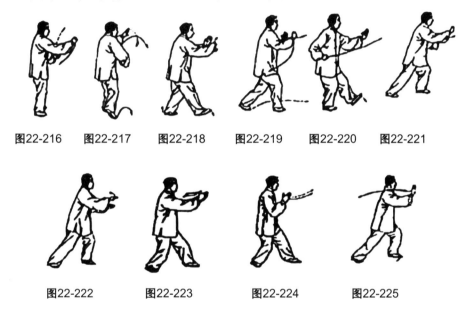

图22-216　　图22-217　　图22-218　　图22-219　　图22-220　　图22-221

图22-222　　　图22-223　　　图22-224　　　图22-225

39. 十字手

右转身扣左脚，左手平抹分手；左腿支撑，收脚抱手，开立步胸前交叉手（图22-226～图22-228）。

图22-226　　　图22-227　　　图22-228

40. 收势

翻掌向下，垂肘落手，收脚。

第二十三章
42式太极拳

课程资源
扫码即可观看

一、42式太极拳动作名称

1. 起势，2. 右揽雀尾，3. 左单鞭，4. 提手，5. 白鹤亮翅，6. 搂膝拗步，7. 撇身捶，8. 捋挤势，9. 进步搬拦捶，10. 如封似闭，11. 开合手，12. 右单鞭，13. 肘底捶，14. 转身推掌，15. 玉女穿梭，16. 右左蹬脚，17. 掩手肱捶，18. 野马分鬃，19. 云手，20. 独立打虎，21. 右分脚，22. 双峰贯耳，23. 左分脚，24. 转身拍脚，25. 进步栽捶，26. 斜飞势，27. 单鞭下势，28. 金鸡独立，29. 退步穿掌，30. 虚步压掌，31. 独立托掌，32. 马步靠，33. 转身大捋，34. 歇步擒打，35. 穿掌下势，36. 上步七星，37. 退步跨虎，38. 转身摆莲，39. 弯弓射虎，40. 左揽雀尾，41. 十字手，42. 收势。

二、42式太极拳动作要领

1. 起势

两脚开立，两臂前举，屈蹲按掌（图23-1～图23-4）。

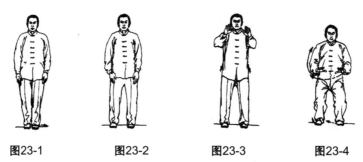

图23-1　　　图23-2　　　图23-3　　　图23-4

2. 右揽雀尾

收脚抱球，转体上步，弓步掤臂；收脚抱球，转体上步，弓步掤臂；转体伸掌，转体下捋；转体横臂，弓步前挤；后坐屈肘，扣脚旋掌，丁步按掌（图23-5～图23-16）。

图23-5　　　图23-6　　　图23-7　　　图23-8　　　图23-9

图23-10　　　图23-11　　　图23-12　　　图23-13　　　图23-14

3. 左单鞭

转体上步，弓步推掌（图23-15～图23-18）。

图23-15　　图23-16　　图23-17　　图23-18

4. 提手

扣脚摆掌，转体带掌，虚步举掌（图23-19～图23-21）。

图23-19　　　　图23-20　　　　图23-21

5. 白鹤亮翅

转身抱球，转身举掌，虚步亮掌（图23-22～图23-24）。

图23-22　　　　图23-23　　　　图23-24

6. 搂膝拗步

转身落掌，收脚举掌，上步收掌，弓步推掌；转体摆脚，收脚举掌，上步收掌，弓步推掌（图23-25～图23-32）。

图23-25　　图23-26　　图23-27　　图23-28

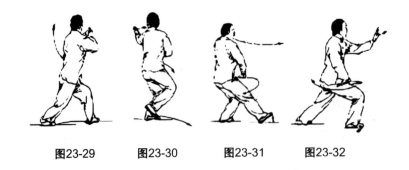

图23-29　　　图23-30　　　图23-31　　　图23-32

7. 撇身捶

摆脚分掌，收脚落掌，上步举拳，弓步撇拳（图23-33～图23-36）。

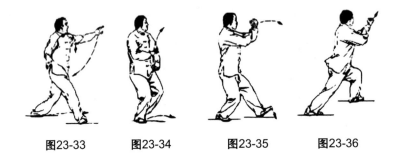

图23-33　　　图23-34　　　图23-35　　　图23-36

8. 捋挤势

扣脚变掌，转体抹掌，收脚后捋，上步掤臂，弓步前挤；扣脚翻掌，转身抹掌，收脚后捋，上步掤臂，弓步前挤（图23-37～图23-46）。

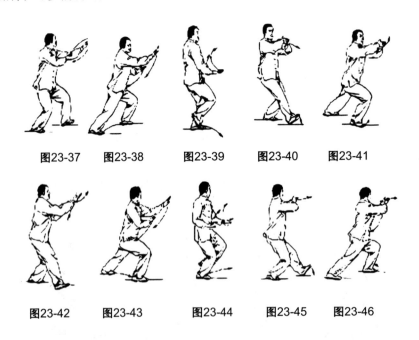

图23-37　　图23-38　　图23-39　　图23-40　　图23-41

图23-42　　图23-43　　图23-44　　图23-45　　图23-46

9. 进步搬拦捶

后坐分掌,收脚握拳,上步搬拳;转体摆掌,上步拦掌;弓步打拳(图23-47~图23-52)。

图23-47　　图23-48　　图23-49　　图23-50　　图23-51　　图23-52

10. 如封似闭

穿手变掌,后坐收掌,翻掌下落,跟脚按掌(图23-53~图23-56)。

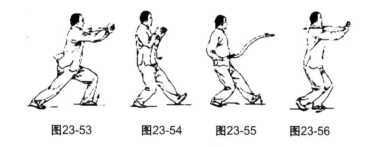

图23-53　　图23-54　　图23-55　　图23-56

11. 开合手

转体开掌,提脚合掌(图23-57和图23-58)。

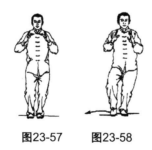

图23-57　　图23-58

12. 右单鞭

开步转掌,弓步分掌(图23-59和图23-60)。

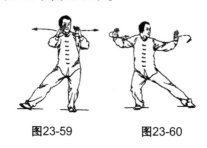

图23-59　　图23-60

13. 肘底捶

扣脚掩掌，收脚抱球，摆步分掌，跟步摆掌，虚步握拳（图23-61～图23-65）。

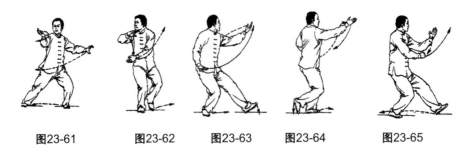

图23-61　　图23-62　　图23-63　　图23-64　　图23-65

14. 转身推掌

撤步举掌，转体屈肘，上步收掌，跟步推掌；转身举掌，上步收掌，跟步推掌（图23-66～图23-72）。

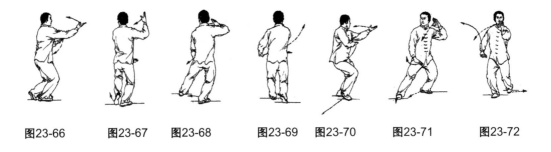

图23-66　　图23-67　　图23-68　　图23-69　　图23-70　　图23-71　　图23-72

15. 玉女穿梭

转体伸掌，收脚下捋，上步掤臂，跟步摆掌，上步收掌，弓步架推；扣脚落掌，转体抹掌，收脚下捋，上步掤臂，跟步摆掌，上步收掌，弓步架推（图23-73～图23-85）。

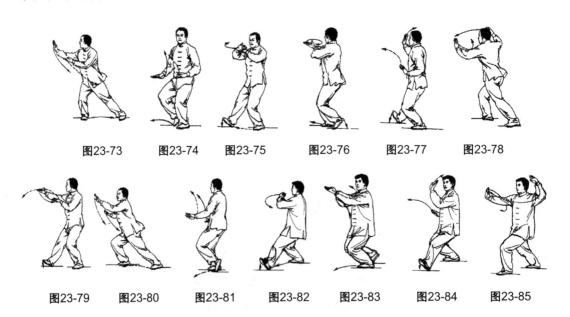

图23-73　　图23-74　　图23-75　　图23-76　　图23-77　　图23-78

图23-79　　图23-80　　图23-81　　图23-82　　图23-83　　图23-84　　图23-85

16. 右左蹬脚

扣脚落掌，转体分掌，收脚合掌，蹬脚分掌；落脚转掌，转体分掌，收脚合掌，蹬脚分掌（图23-86～图23-93）。

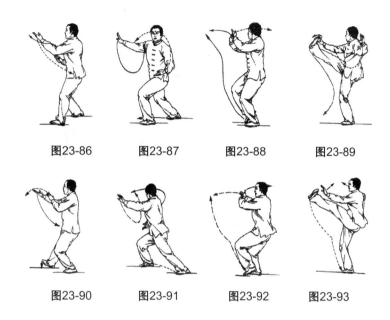

图23-86　　图23-87　　图23-88　　图23-89

图23-90　　图23-91　　图23-92　　图23-93

17. 掩手肱捶

落脚掩掌，开步落掌，马步分掌；转体合肘，弓步冲拳（图23-94～图23-98）。

图23-94　　图23-95　　图23-96　　图23-97　　图23-98

18. 野马分鬃

转身捋掌，转体掤臂，转体横掌；转腰旋掌，提膝托掌，弓步穿掌；摆脚翻掌，提膝托掌，弓步穿掌（图23-99～图23-107）。

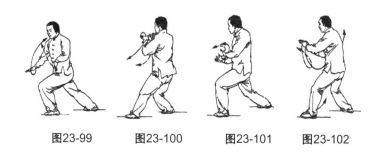

图23-99　　图23-100　　图23-101　　图23-102

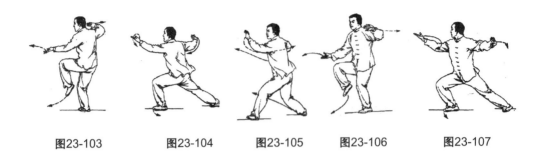

图23-103　　　图23-104　　　图23-105　　　图23-106　　　图23-107

19. 云手

扣脚摆掌，转体翻掌，转体云掌，收脚翻掌；连做三次（图23-108～图23-119）。

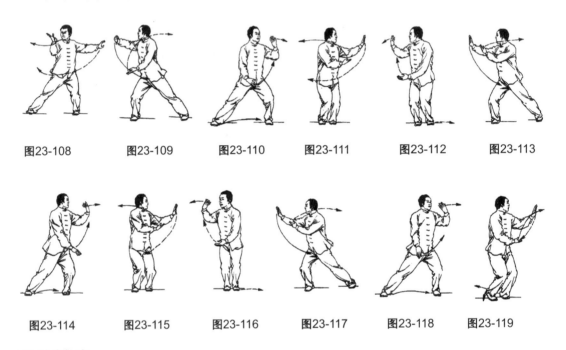

图23-108　　图23-109　　图23-110　　图23-111　　图23-112　　图23-113

图23-114　　图23-115　　图23-116　　图23-117　　图23-118　　图23-119

20. 独立打虎

撤步穿掌，转体扣脚，提膝握拳（图23-120～图23-122）。

图23-120　　图23-121　　图23-122

21. 右分脚

　　垂脚抱拳，分脚分掌（图23-123和图23-124）。

图23-123　　图23-124

22. 双峰贯耳

　　屈膝落掌，落脚收拳，弓步贯拳（图23-125～图23-127）。

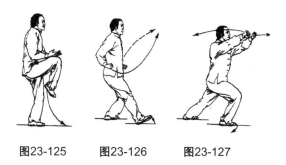

图23-125　　图23-126　　图23-127

23. 左分脚

　　转体分掌，收脚抱掌，分脚分掌（图23-128～图23-130）。

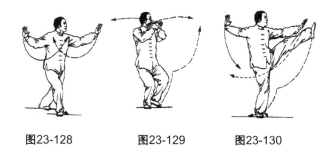

图23-128　　图23-129　　图23-130

24. 转身拍脚

　　转身落脚，转体抱掌，拍脚举拳（图23-131～图23-133）。

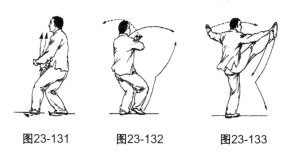

图23-131　　图23-132　　图23-133

25. 进步栽捶

落脚转体，上步提拳，弓步栽捶（图23-134~图23-136）。

图23-134　　　　图23-135　　　　图23-136

26. 斜飞势

转身分掌，收脚合臂，转身上步，弓步分掌（图23-137~图23-140）。

图23-137　　　图23-138　　　图23-139　　　图23-140

27. 单鞭下势

勾手摆掌，仆步穿掌（图23-141和图23-142）。

图23-141　　　　图23-142

28. 金鸡独立

弓步挑掌，独立挑掌（图23-143~图23-145）。

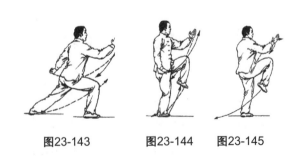

图23-143　　　图23-144　　　图23-145

29. 退步穿掌

弓步穿掌（图23-146）。

图23-146

29. 虚步压掌

转身举掌，虚步压掌（如图23-147）。

31. 独立托掌

提膝托掌（如图23-148）。

图23-147　　图23-148

32. 马步靠

落脚翻掌，收脚举掌，马步靠（图23-149～图23-151）。

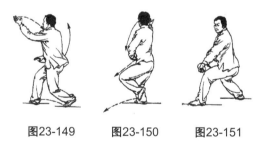

图23-149　　图23-150　　图23-151

33. 转身大捋

摆脚旋掌，收脚托掌，撤步平捋（图23-152～图23-155）。

图23-152　　图23-153　　图23-154　　图23-155

34. 歇步擒打

臂穿拳，转体收拳，歇步打拳（图23-156～图23-158）。

图23-156　　图23-157　　图23-158

35. 穿掌下势

收脚举掌，屈蹲摆掌，仆步穿掌（图23-159～图23-161）。

图23-159　　图23-160　　图23-161

36. 上步七星

弓步挑掌，虚步架拳（图23-162和图23-163）。

图23-162　　图23-163

37. 退步跨虎

体摆掌，转体落掌，独立挑掌（图23-164～图23-166）。

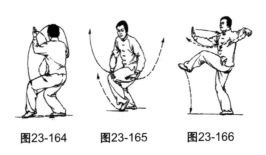

图23-164　　图23-165　　图23-166

38. 转身摆莲

转体落脚，转体穿掌，转体翻掌，摆腿拍脚（图23-167～图23-170）。

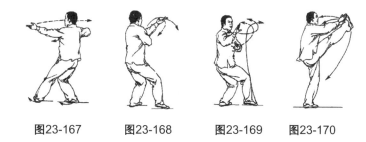

图23-167　　图23-168　　图23-169　　图23-170

39. 弯弓射虎

独立摆掌，落步落掌，转体握拳，弓步打拳（图23-171～图23-174）。

图23-171　　图23-172　　图23-173　　图23-174

40. 左揽雀尾

转体展掌，收脚抱球；上步分掌，弓步掤臂；转体伸掌，转体下捋；转体屈臂，弓步前挤；翻掌前伸，坐身收掌，弓步按掌（图23-175～图23-179）。

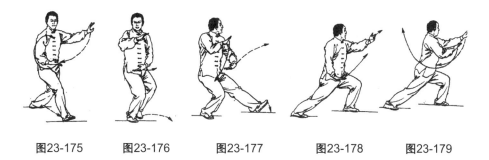

图23-175　　图23-176　　图23-177　　图23-178　　图23-179

41. 十字手

转体扣脚，转体分掌，转体抱掌，收脚开立（图23-180～图23-183）。

图23-180　　图23-181　　图23-182　　图23-183

42. 收势

翻掌分手，两掌下落，收脚并步（图23-184～图23-186）。

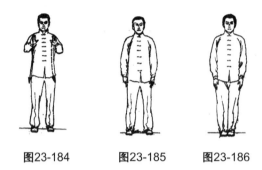

图23-184　　　图23-185　　　图23-186

三、42式太极拳路线示意

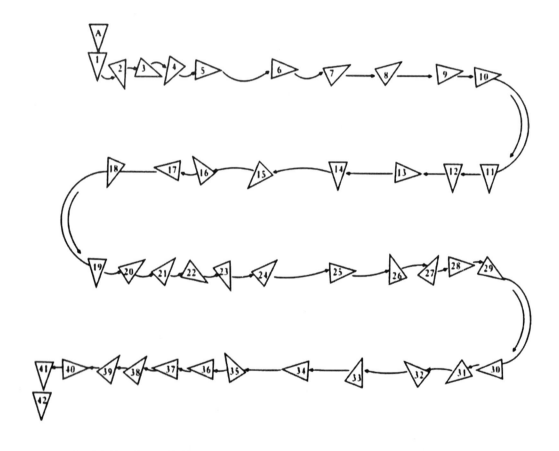

注：① 图中的A表示预备势。

② 图中的"→"表示动作运动的方向和进退路线，三角形△里的数字表示动作名称序号。

③ 图中三角形小角尖的指向即该式定势后胸部的朝向。

第二十四章
短兵

课程资源
扫码即可观看

短兵是传统武术的一个竞技项目，它起源于中国古代的击剑。短兵最初定名为"击剑"，以表明中国古代剑术悠长深邃的文化渊源。然而中国武术的短器械以刀剑为两大宗，此外还有鞭、锏等，故短兵的设计和规则的制定都不能不考虑到技术上的兼容性。也正因为如此，在经历了一段时间后，这项原本被称为"击剑"的运动被人们不约而同地称为"短兵"，一直沿用至今。

一、持兵式

1. 立姿持兵式

动作要求：右脚向右打开，两脚与肩同宽（图24-1）。

图24-1

2. 坐姿持兵式

动作要求：由立姿开始，右脚向左斜前方迈步，与左腿呈交叉状态，盘腿而坐，短兵置于身体左侧，两手置于膝关节上（图24-2）。

图24-2

二、鞠躬礼

动作要求：由立姿持兵势向前弯腰做鞠躬动作，附身45度角（图24-3）。

图24-3

三、预备势

动作要求：右脚向前迈步，出兵时右膝微屈（图24-4）。

图24-4

四、前进步后撤步

1. 前进步

动作要求：后脚蹬地，前脚上步，后脚跟上（图24-5）。

图24-5

2. 后撤步

动作要求：前脚蹬地，后脚撤步，前脚后移（图24-6）。

图24-6

五、垫步

1. 前垫步

动作要求：后脚蹬地向前垫步，前脚向前上步（图24-7）。

图24-7

22. 后垫步

动作要求：前脚蹬地向后垫步，后脚向后撤步（图24-8）。

图24-8

六、滑步

1. 左滑步

动作要求：后脚向左平移，前脚跟上，身体保持预备势（图24-9）。

图24-9

2. 右滑步

动作要求：前脚向右平移，后脚跟上，身体保持预备势（图24-10）。

图24-10

七、交叉步

1. 左叉步

动作要求：前脚向左侧交叉上步，后脚向左侧跟步，身体保持预备势（图24-11）。

图24-11

2. 右叉步

动作要求：后脚向右侧交叉上步，前脚向右侧跟步，身体保持预备势（图24-12）。

图24-12

八、提步

动作要求：前脚向后提起，腹部回收，上身前倾（图24-13）。

图24-13

九、并步

动作要求：后脚重心后移，前脚向后脚并拢（图24-14）。

图24-14

十、跳步

动作要求：前脚蹬地提脚，后脚提脚起跳，依次向后落步（图24-15）。

图24-15

十一、抢步

动作要求：由预备姿势开始，右脚迅速向前迈步，左脚顺势而跟。

图24-16

十二、刺的示范

1. 直刺

动作要求：手臂前伸，短兵沿直线方向向前直刺，力达短兵顶端（图24-17）。

图24-17

2. 直刺的用法

（1）小弓步刺：上右步做弓步，手臂前伸，短兵沿直线方向向前直刺，力达短兵顶端（图24-18）。

图24-18

（2）大弓步刺：上右步做弓步，手臂前伸，短兵沿直线方向向前直刺，力达短兵顶端（图24-19）。

图24-19

3. 斜刺

动作要求：手臂向外，短兵沿直线方向向前直刺，力达短兵顶端（图24-20）。

图24-20

十三、刺的防守（图24-21~图24-24）

1. 后垫步防守

图24-21

2. 滑步防守

图24-22

3. 下格挡防守

图24-23

4. 左格挡防守

图24-24

十四、格挡示范

1. 左格挡

动作要求：手腕向左旋转，剑尖保持在身体中线位置，使用短兵下半段格挡（图24-25）。

图24-25

2. 右格挡

动作要求：手腕向右旋转，剑尖保持在身体中线位置，短兵下半段格挡（图24-26）。

图24-26

十五、劈击示范

1. 立劈

动作要求：肩膀前送，手臂前伸，手腕下压，使用短兵上半段击打（图24-27）。

图24-27

2. 劈击的用法（图24-28～图24-30）

（1）前进步劈击

图24-28

（2）左右横劈

图24-29

（3）左右斜劈

图24-30

十六、点击示范

1. 点击

动作要求：手臂前伸，手腕下压或旋转，使用剑尖击打（图24-31）。

图24-31

2. 前进步点击（图24-32）

图24-32

3. 左右横点（图24-33）

图24-33

十七、撩击示范

1. 正撩

动作要求：短兵前端由右往上，手腕向外翻（图24-34）。

图24-34

图24-34

2. 反撩

动作要求：短兵前端由左往上，手腕向内翻（图24-35）。

图24-35

3. 撩击的用法——前进步撩击（图24-36）

图24-36

十八、击的防守

1. 并步防守（图24-37）

图24-37

2. 后垫步防守（图24-38）

图24-38

3. 提步防守（图24-39）

图24-39

4. 劈击滑步防守（图24-40）

图24-40

第二十五章 散打

课程资源
扫码即可观看

第一节 散打运动概述

一、散打的起源与发展

散打又称散手，是两人按照一定的规则，运用武术中的踢、打、摔等攻防技法制服对方、徒手对抗的格斗项目，是中国武术的重要组成部分。现代散打就是常见的以直拳、摆拳、抄拳、鞭拳、鞭腿、蹬腿、踹腿、摔法等技法组成的以打、踢、摔结合的攻防技术。

散打古称相搏、手搏、卞、弁、白打等，是中华武术的精华，是具有独特中华民族风格的体育项目，多年来在民间流传发展并深受人民喜爱。散打的起源与发展，和中华民族悠久的历史同步。现代散打是两人按照国家体育总局武术运动管理中心制定的规则，运用武术中的踢、打、摔和防守等方法，进行徒手对抗的现代体育竞技项目，它是中国武术的重要组成部分。中国武术有两种表现形式，一种是套路演练形式，一种是格斗对抗形式。散打就是格斗对抗形式的一种。通过对传统技击术进行归纳、整理，找出其中带有共性的规律，即中国各拳种门派的基本拳法和基本腿法进行归纳、整合并最终总结出它们的基本运动形式。经过整合，最后确立的进攻技术具有两种运动形式：一种是直线型方法，另一种是弧线型方法。拳法以冲、掼、抄、鞭为内容，腿法以蹬、鞭、踹、摆为内容；摔法则根据"快摔"的要求和"无把"（主要是戴手套无法获得把位）的特点，主要把握"破坏重心"和"抡圈"的要点来使用"接招摔"和"夹打摔"的方法。同时，防守技术也被划分为"接触式防守"和"不接触式防守"两种。散打从比赛形式上借鉴了中国传统"打擂台"的方式，一方掉擂出局即为输方。在竞赛方法上采用三局两胜制，评点数得分先赢两局者即为赢家。散打不拘泥于固定的招式与套路，学习者在通过对拳法、腿法以及摔法的学习和反复训练，熟练掌握之后，在比赛或者实际需要时自由发挥出来。

二、散打运动与身体健康

通过学习和训练散打，能够发展人的力量、耐力、柔韧、灵敏等素质；同时散打可以发展人的心智，使人的身心得到全面的锻炼。坚持散打训练，可强筋骨、壮体魄。散打是双方互相对抗的运动形式，这就要求练习者在实践中正确把握进攻的时机，防守要到位，反击要及时，从而建立正确的条件反射；同时还要针对不同的对手和双方临场的变化，提高应变能力；散打还应提高击打和抗击打的能力。散打是一项对抗性很强的运动，初学散打，要忍受拉韧带的痛苦；攻防练习，要承受击打和抗击打的皮肉之苦。通过散打训练，对提高大学生的心肺功能、肌肉力量、速度能力、耐力素质、柔韧性是大有裨益的。

第二节 基本技术与练习方法

一、散打的技法

1. **拳法**

   主要由直拳、摆拳、勾拳、贯拳等拳法组成。

2. 腿法

主要由正蹬腿、侧踹腿、鞭腿（横踢腿）、后摆腿等腿法组成。

3. 摔法

主要由快摔动作组成，如夹颈过背、抱腿过胸、抱腿前顶、接腿勾踢等。

4. 组合

主要由拳法组合、腿法组合、摔法组合3种顺搭和混搭组成。顺搭如拳法组合，混搭如拳摔组合、拳腿组合等。

二、散打的基本技术教学（以下技术动作均以左势为例）

（一）格斗势

散打格斗势，俗称"抱架"，是进入对抗前的准备姿势，它不仅能使身体处于强有力的状态，而且有最佳的快速反应能力，利于快速移动发起进攻和防守，并且暴露面小，能有效地保护自己的要害部位。

1. 动作要领

两脚微呈八字平行开立，距离略比肩宽，两膝微屈。左脚不动，右脚以脚前掌为轴向左旋转，身体随之转动25°左右，重心在两脚之间，右脚跟稍稍踮起。

含胸拔背，收下颏，前手轻握拳，屈臂抬起，拳与下颏等高，前臂与上臂夹角成90°~110°，后手轻握拳，屈臂抬起，前臂上臂夹角小于60°，后手拳自然置于下颏外侧处，肘部下垂轻贴在右肋部（图25-1）。

图25-1

2. 易犯错误

进退不够灵活，攻守不严密。姿势过低或过高，重心没有控制在两脚之间。两手没有紧护躯体，暴露给对方可打击的有效部位太多。

（二）基本步伐

1. 进步

（1）动作要领。在格斗势的基础上，向前进步。左脚先动时，左脚向前进一步，后脚随即前进一步；右脚先动时，右脚向前进一步，左脚随即紧跟前进一步。身体向前进步时，上体保持预备势不变，两眼平视前方（图25-2）。

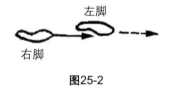

图25-2

（2）易犯错误。进步步幅过大，后脚跟进后没有保持实战姿势，进步后跟步衔接慢。控制不好身体重心，身体不协调。

2. 退步

（1）动作要领。在格斗势的基础上，向后退步。左脚先动时，左脚向后退一步，后脚随即后退一步；右脚先动时，右脚向后退一步，左脚随即紧跟后退一步。身体向后退步时，上体保持预备势不变，两眼平视前方（图25-3）。

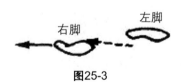

图25-3

（2）易犯错误。退步步幅过大，后脚跟进后没有保持实战姿势，退步后跟步衔接慢。控制不好身体重心，身体不协调。

3. 换步

（1）动作要领。在格斗势的基础上，左脚与右脚同时蹬地并前后交换位置，同时两拳也前后交换成反架格斗势（图25-4）。

（2）易犯错误。换步距离过大或过小，换步后没有及时变为反架格斗势。控制不好身体重心，身体不协调。

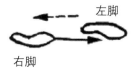

图25-4

4. 躲闪步

（1）动作要领。在格斗势的基础上，身体向左（右）斜上一步。左躲闪步时，左脚向左前方斜移一步，后脚随即紧跟一步，同时身体向左侧转；右闪躲步时，右脚向右前方斜移一步，后脚随即紧跟一步，同时身体向右侧转（图25-5和图25-6）。

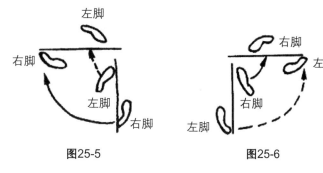

图25-5　　　　　图25-6

（2）易犯错误。速度慢，不够灵活敏捷。在躲闪过程中，没有保持好格斗势，暴露过多的有效击打部位。控制不好身体重心，身体不协调。

（三）基本拳法

1. 冲拳（分为左冲拳和右冲拳）

（1）左冲拳动作要领。在格斗势的基础上，右脚蹬地，重心微向前倾，借扭腰送胯之力，左拳直线向前冲出，力达拳面。拳面朝前，拳眼朝右。右拳护下颏，重心落于两腿之间，目视攻击方向。击出后，迅速还原格斗势（图25-7）。

（2）右冲拳动作要领。在格斗势的基础上，右脚蹬地内扣，身体向左侧转，转腰顺肩，借扭腰送胯之力，右拳直线向前冲出，力达拳面。拳与肩同高，拳面朝前，拳眼朝左，左拳护下颏，重心落于两腿之间，目视攻击方向。击出后，迅速还原格斗势（图25-8）。

（3）左右冲拳易犯错误。出拳不够迅速，身体过于前倾。没有借助扭腰送胯之力。出拳时左右手没有保护下颏，重心没有保持在两腿之间。击出后没有迅速收回还原格斗势。

图25-7　　　　　图25-8

2. 掼拳（分为左掼拳和右掼拳）

（1）动作要领。在格斗势的基础上，身体稍向右侧转，右肩下沉，右肘随即回带，合胯转腰，而后以其惯性前臂内旋向前里弧形出击，力达拳面。拳眼朝后，拳面朝左，小臂与大臂成约大于110°的夹角，拳面与体侧并齐，拳低于肘，左拳护下颏，重心落于两腿之间，目视攻击方向。击出后，迅速还原格斗势（图25-9）。

（2）易犯错误。转体与侧摆不连贯，出拳时左右手没有保护好下颏，控制不好重心。击出后没有迅速还原格斗势。

3. 抄拳（分为左抄拳和右抄拳）

（1）动作要领。在格斗势的基础上，右脚蹬地，扣膝合胯，右肩下沉，微向左转腰的同时，借扭腰送胯之力，右拳由下、向前、向上抄起，拳心朝里，力达拳面。拳面朝上，拳眼朝右，大小臂夹角在90°~110°之间。左拳护下颏，重心落于两腿之间。击出后，迅速还原格斗势（图25-10）。

（2）易犯错误。没有扭腰送胯，出拳不自然。控制不好重心，击出后没有迅速还原格斗势。

图25-9

图25-10

（四）基本腿法

1. 鞭腿（分为左鞭腿和右鞭腿）

（1）动作要领。在格斗势的基础上，向前提膝展胯，身体向左后方倾斜，随即小腿像鞭子一样，脚尖绷直，向左横击，着力点于脚背。右手自然向右后方挥动，左手护下颏，重心落于左腿。击出后，先收小腿，下落时顺势回带，落于左脚后方，还原格斗势（图25-11和图25-12）。

图25-11　　　　　　　　图25-12

（2）易犯错误。击出时没有充分展胯且凸臀。回收时效仿跆拳道，收小腿后先将脚落于左脚前方，再还原格斗势。而不是下落时顺势回收。

2. 正蹬腿（分为左正蹬腿和右正蹬腿）

（1）动作要领。在格斗势的基础上，右脚在左脚跟后进一步，身体微向后仰，左脚随即正直提膝送胯，脚尖向上，向正前方蹬，着力点在脚掌。两臂自然下垂护住两肋，重心落于左腿。击出后，先屈收左腿，迅速还原格斗势（图25-13和图25-14）。

图25-13　　　　　　　　图25-14

（2）易犯错误。后倾幅度过大，重心不稳，前蹬无力。

3. 侧踹腿（分为前侧踹腿和后侧踹腿）

（1）动作要领。在格斗势的基础上，身体向左转体逆向左斜，右腿屈收至腹前，展胯而后向右前方踹出，着力点在脚掌，腿与体侧成直线。左手护下颏，右手自然下挥，重心落于左腿。击出后，先屈收小腿，而后迅速恢复成格斗势（图25-15和图25-16）。

图25-15　　　　　　　图25-16

（2）易犯错误。展胯不充分且凸臀，腿踹不出时与体测不成直线。

以上进攻技术可单招练习使用，也可根据动作转换的合理性和可行性进行组合运用。如上下结合，手脚并用，左右连击，纵横交错，真假虚实，灵活变换，使对手顾此失彼防不胜防。

（五）基本摔法

摔法是运用手拉、脚绊配合身体旋转的力学原理，使对方身体失去平衡而被摔倒的技击形式。

1. 抱膝前顶摔

（1）动作要领。由格斗势开始，当对方拳击自己头部时，随即下潜躲闪，上左步，两手抱对方双腿用力回拉，同时用左肩顶对方腹部，将其摔倒（图25-17和图25-18）。

图25-17　　　　　　　图25-18

（2）易犯错误。下潜时机和距离掌握不好。抱腿回拉与肩顶腹部不是同时进行。

2. 抱腿别腿摔

（1）动作要领。当对方用右侧弹踢腿时，随即避势趋进抱起左腿，并上左腿绊别其支撑腿，随即上体右转用胸下压对方左腿，使其倒地（图25-19～图25-21）。

图25-19　　　　　　　图25-20　　　　　　　图25-21

（2）易犯错误。抱腿不敏捷，别腿、转体压腿衔接不连贯。

（六）防守技术

1. 后闪

重心后移，上体略后仰闪躲，目视对方。闭嘴合齿收下颌。防守对方拳法攻击上盘部位（图25-22）。

2. 侧闪

两腿微屈、俯身，上体向左侧或右侧闪躲。主要闪躲对方左右冲拳正面攻击上盘部位（图25-23）。

图25-22　　　　　　　　　图25-23

3. 下闪

屈膝、沉胯、下蹲、缩颈、弧形向下躲闪，两手紧护胸部，目视对方。主要防守对方横向攻击头部的左右掼拳、横踢腿等（图25-24）。

4. 拍挡

左手以拳心或掌心为力点向里横向拍挡对方右直拳。主要防守对方直线型拳法对中、上盘的攻击（图25-25）。

图25-24　　　　　　　　　图25-25

5. 拍压

左拳变掌,以掌心或掌跟为力点由上向前下拍压对方左臂。防守对方正面攻击中盘的动作,如勾拳、蹬踹腿等(图25-26)。

6. 提膝

身体稍右转,右腿微屈独立支撑,左腿屈膝提起,目视对方。防守对方正面或横向腿法攻下盘部位,如踹腿、横踢腿等(图25-27)。

图25-26

图25-27

第二十六章 射艺

课程资源
扫码即可观看

射艺，又称中国传统射箭，其独到之处是必须把注意力全部集中于射一支箭的全过程中。传统弓是一张裸弓，我们所追求的不仅仅是射中目标，而是射箭的过程。对一个传统射手来说，过程比结果更重要，因为它不仅是一项体育运动，还是用以培养和考察射手品德修养的重要手段，这也是传统射箭魅力所在。

一、静心与自信

1. 静心

静心是指在起射之前，射者必须聚精会神，努力排除心中的杂念，在思想安静、意念集中的基础上所表现出的清醒、意念专一、轻松舒适的一种心理境界，是在有意识的训练中和无意识的体验中形成的。要求在起射之前必须认真思考和明确射箭的目的与意义。在完成精神调整后，习射者仪态自然平静，动作沉稳而节奏清晰，然后就可以射箭了。射完一支箭后，应立即无间断、无间歇地把思路理清回到准备状态，做好起射下一箭的准备。

2. 自信

自信是成功的源泉。相信自己，是一种信念，是发自内心的自我肯定。自信不能停留在想象上。在完成目标时，要有自信，不能半途而废，要坚持做下去，要反复、认真将每一个技术环节做好。调整自己的心态，不断鼓励自己，相信自己一定能做好每一个环节的动作。目标不是射中10环，而是射中10环的过程，这是传统射箭的核心理念。

二、站立

站立是射手在起射时两脚的姿势，是射手最基本的身体姿势之一。射箭时许多身体角度的变化同站立的姿势息息相关，它是射好一支箭的基础。由于射手体型和特点不同，在站姿上会有一些差别。对射手来说，在学习射箭的初始阶段，最重要的是掌握准确的平行站立姿势。

一字平行式又称侧立式，是射箭技术中最基本的一种站立姿势。基本要求：两脚开立同肩宽或稍宽于肩，站在起射线两侧，脚稍外展或稍内扣，脚尖紧靠靶的中心线，身体和两肩与箭靶成一自然直线，如图26-1所示。

图26-1

侧立式采用人体最基本的站立姿势，比较自然，这种站姿不易对躯干产生过分的屈曲和扭转，身体会自然而然成为直线。射手能充分利用两肩的力量，使得射箭动作比较好掌控，前撑后拉的对称用力比较流畅，这样容易保持固定的身体角度和身体正中位。

躯干姿势是保持站姿正确与否的基本因素之一。躯干姿势要稳定、一致、自然、轻松。基本要求：身体应垂直于地面，躯干的任何面（沿任何轴）都不得过分屈曲或扭转。为有利于前、后用力保持平衡，体重必须平均落于两脚之上；为提高身体的稳定程度，保证后背肌群的用力不受干扰，身体的重心必须落于前脚掌。两腿自然伸直，两膝稳固不动，眼睛平视前方，将整个身体摆正放稳，尽可能保持自然姿势，两肩下沉，呼吸均匀，充实气力。

三、搭箭

搭箭是将箭尾插入弓弦的箭巢内。用拇指和食指将箭扶稳，再将箭尾槽插入弓弦的箭口处。注意，搭箭时一定要检查箭尾、羽片、箭头等的完整性，以免造成不必要的损失，务必使主羽与弓身右侧相垂直。同时保证身体姿势的正中位不发生变化。

四、握弓

握弓的位置是在一张弓的中心点，推弓手施加到这点上的压力对撒放时弓的运动方向将产生巨大影响。作用在弓上的这个点，是所有力作用的结果，如上升、下降、左右不平衡，都与力的方向、推弓手的位置以及其与推把接触的程度相关。开弓后沿直线方向继续用力拉弓，在这个过程中，会在用力的方向上产生许多变化因素，从而影响箭的发射。传统弓是裸弓，握弓要做到以推为主，以握为辅。推弓的用力点在大鱼际，将弓弝置于掌心，四指弯曲握住弓弝，拇指自然靠于食指第一指关节处。手握在弓上要准确、一致和自然，并处于最舒适的位置（图26-2）。

图26-2

五、钩弦

钩弦是中国传统射法的最大特点，以拇指使用坡形扳指钩弦为例，佩戴好扳指后，拇指第一指关节弯曲扣住弓弦，位置在箭下面的弦区，食指指腹压住拇指形成扣锁，其余三指自然收向手心，同时食指的第二指关节顶住箭杆并施加一个横向力，这个横向力能够使箭在开弓和靠弦等环节中不掉落。钩弦手的手背向上，保证手背、手腕和小臂在水平面上，防止手腕下凹或上凸。

六、转头和举弓

左手持弓，右手钩弦，头部自然转向靶面，眼睛平视前方，两臂举起，高度一般使拉弓臂的前臂在眼眉的水平线上为宜。弓与地面垂直，箭要水平并同拉弓臂的前臂连成一条直线，两肩自然下沉，调整呼吸，安静，意念集中，箭头对准目标垂直线上方某个位置。

头的角度和位置会影响整个身体的平衡，头的位置发生改变会引起视角的变化，因此转头动作的合理性和一致性也影响着瞄准。转头动作应以舒服自然和正直为基本原则，勿仰头、勿缩颈。

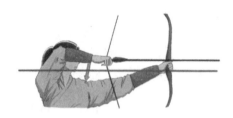

图26-3

举弓时还需要完成持弓手臂的转动，应使持弓臂做内旋动作，使肘关节内侧基本垂直于地面（图26-3）。

七、开弓

开弓是借助持弓臂的伸展和拉弓臂肩带（肩胛骨）内收的力量将弓拉开，持弓臂对准目标直推，拉弓臂在前者的同一延长线上直拉。举弓稳定以后，利用两肩带肌肉的力量，采用前撑后拉的方法，沿最短距离将弓拉开。开弓过程中，眼睛不要离开目标，以检查箭头是否偏离了目标的垂直线，是否已经接近目标，以使弓弦到位的同时箭头也进入目标区域。开弓既要准确又要果断。在拉弓过程中，应保持拉弓和推弓对称用力，用力各占50%。在整个开弓过程中，应保持拉弓臂的肩部下沉，腰不能弯曲，上半身保持直线。身体必须保持正中位，不产生倾斜。

八、靠弦

在所有基本技术中，靠弦是重要的技术之一。拉满弓时，靠弦点是在施力点的中心位置。由于人体形态和姿势特点不同，靠弦点和方法会有差异，但靠弦点在施力点的中心位置是不能变的。当今有大、中、小三种拉距。大拉距钩弦手在耳后，中拉距钩弦手在耳根，小拉距钩弦手在腮旁，这三种拉弓方法各有特点。

靠弦形成后，两肩关节的中心点和肘关节的中心点，应连成一条直线。推弓点、钩弦点、肘关节中心点应连成一条直线或肘关节的中心点高于箭的延伸线（图26-4）。

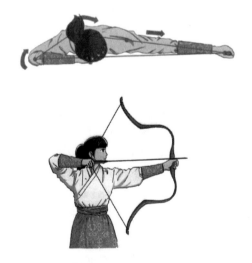

图26-4

基本姿势形成以后，总的要求是：志正体直，五平三靠，静定三秒，体重平均落于两脚之上；塌肩舒胸，动作层次清楚，左右用力对称；整个动作自然、轻松、稳固持久；天、地、左、右无限伸展。

九、瞄准

射手在钩弦手到位的同时，目标的中心点、箭头、弓身一侧的边缘、眼睛，这四个点组成一条理论上的直线，形成弓的瞄准基线。将弓的一侧和延伸的箭杆作为瞄准的一部分，会对固定射箭姿势起到很大的参照作用。可以借助弓侧和箭杆的相对位置，检查动作的变化情况，这对提高动作的一致性是十分有益的。瞄准时，射手的视线通过箭头将焦点聚在目标上。目光聚焦目标，注意力指向身体内部；眼睛看清目标，但不苛求瞄准精度。

十、撒放

以钩弦点为中心，左右均匀分开的过程，持弓臂随箭射出的方向沿直线向前运动，钩弦手沿箭的延伸线正直向后运动，形成自然、协调、对称力极强的撒放动作。

滑弦撒放是一种理想的撒放方式，在对称用力的基础上，利用钩弦手屈指肌退让的方式使弦滑离拇指。由于后背肌群强有力的收缩（对称用力的不断强化），使拉弓臂形成复原的自然反作用力，所以当弓弦离开拇指时，带动钩弦手沿箭延伸线直线向后运动。

撒放时手指是一个放松的过程。在撒放时拇指（含无名指、中指）有一个放松过程，其过程不是取决于伸指肌的收缩，而主要取决于屈指肌的退让（放松）。撒放时钩弦手必须完全放松，让弓弦自行脱离，必须让弓弦将钩弦推开。不应增加手指的张力来帮助和完成撒放，否则不仅干扰了对称直线用力的正常进行，还削弱了后背肌群强有力的牵引，这会造成撒放的失误。在撒放过程中钩弦手控制手指的肌肉必须仍处于放松状态，并在撒放后的动作暂留阶段，手指仍保持这种放松状态。

撒放动作必须在直线上进行。当弦离开手指时，拉弓臂反射性地向后退回，持弓臂则沿着已经形成的直线力向前运动，使之成为自然、舒适、大方和协调的撒放。

十一、动作暂留

动作暂留是撒放动作的一部分，撒放后保持动作的姿势很重要，其中不仅指站位姿势，还包括身体结构、视觉、心理和呼吸等动作的暂留。在撒放和动作暂留过程中，撒放后背部的肌肉不能瞬间放松，与此同时应保留和建立推弓手和拉弓手对称用力的平衡状态，动作暂留最少2s。

十二、收势

收势是起射过程全部结束后，将弓放下，使身体恢复到站立时的姿势，先做两次深呼吸，把全身放松一下，排除紧张情绪。同时应及时把思路理清回到准备状态，做好射下一支箭的准备。

第二十七章 跆拳道

第一节 跆拳道运动概述

一、跆拳道的起源与发展

跆拳道起源于朝鲜半岛,距今已有两千多年的历史。朝鲜民族古时以农业及打猎为生,在抵御野兽、对抗入侵与祭祀活动的舞艺中,逐渐演变成有意识的攻防技巧及格斗自卫武艺的雏形。在两千年前的高句丽皇室墓葬的壁画中,画有两名男子在用跆拳道的攻防姿势互相争斗。

所谓跆拳道,跆(TAE),意为以脚踢、摔撞;拳(KWON),以拳头打击;道(DO),是一种艺术方法。跆拳道脚法占70%,跆拳道的套路共有24套。

第二次世界大战后,朝鲜自卫术再度兴起,从异国他乡回归故土的朝鲜人也将各国的武道技艺带回本国,逐渐与跆拳道融为一体。1955年4月11日,由韩国各界著名人士组成的名称制订委员会,通过无记名的投票,一致通过了"跆拳"二字。由此产生了"跆拳道"。1961年9月韩国成立了唐手道协会,后更名为跆拳道协会,并成为全国运动会正式竞赛项目。1966年第一个国际组织——国际跆拳道联盟(简称ITF)成立。1972年,国际跆拳道联盟总部迁到加拿大的多伦多。1973年5月,在韩国成立了世界跆拳道联盟(简称WTF)。1980年,国际奥委会正式承认了世界跆拳道联盟。1988年汉城奥运会跆拳道被列为示范比赛项目,1992年巴塞罗那奥运会跆拳道被列为试验比赛项目;2000年悉尼奥运会跆拳道成为奥运正式比赛项目。

1989年,韩国世界跆拳道联盟首次在北京举行跆拳道培训班,WTF跆拳道首次作为竞技体育被介绍到中国。1995年8月正式成立了中国跆拳道协会,1995年11月,中国跆拳道协会被世界跆拳道联盟接纳为正式会员。

二、跆拳道运动与身体健康

跆拳道运用骨骼、肌肉、关节的活动来调整身体,因此它是一种全身性运动。参与跆拳道运动时通过踢腿、闪躲、攻击或防御等动作,使身体肌肉更加强健。通过将全身力量集中到某个部位的"对准焦点"练习,训练肌肉的爆发力;以基本动作和模式练习,提升反应灵敏性的同时也锻炼了不同动作互换的能力。

通过跆拳道的练习,可以使血液循环顺畅,使肌肉和结缔组织变得有韧性,使关节和血管变得柔软。结合跆拳道运动中的呼吸调整,攻击时的发声等,不仅可以建立压倒对方的气势,而且也使下腹的肌肉伸缩,对预想不到的反击实现防御,提升肺活量。

第二节 跆拳道的练习方法

一、击

1. 直拳

出拳不高于肩部,击打部位是身体中线以上,辅助手臂弯曲向后夹紧。

2. 直拳侧击

攻击部位是胸口,攻击的路线是从髋关节到心胸旋转攻击,动作完成后直拳侧击与胸口同高。

3. 背拳前击

右臂从左髋关节开始，拳心向下，要从辅助手臂的内侧向外，腕部不能弯曲。

4. 下捶拳

攻击的手臂从里到外，动作幅度要大，手下捶时，拳的高度与眼部同高，左右脚内侧形成90°。

5. 勾拳

起始点双拳的拳心向下，然后慢慢旋转出击，辅助手旋转到右肩部时，拳心向脸部。

二、打

1. 掌肘对击

击打部位是胸口，击打手臂的拳心向下，动作完成后击打的肘关节与辅助手臂，掌心对齐，肩部向进攻方向自然形成45°。

2. 肘上击

击打部位是下颌，动作完成后拳心向脸，肘部与耳朵同高；辅助手的拳放在髋关节处，拳心朝上；肩部向进攻方向自然形成45°。

三、基本站姿

1. 并排步

两脚间距一脚长的距离，脚内侧平行，两脚膝关节伸直。

2. 走步

自然走步时，有停顿的动作。双腿伸直，重心均匀分布在两脚上。身体中正，肩部与正前方自然形成30°角。前后脚的距离为三脚长。

3. 并步

双脚内侧合并，双腿膝关节伸直。

4. 左右站姿

在准备姿势下，左脚或右脚向外旋转90°。

5. 弓步

前后脚相距四脚半长的距离、左右脚宽度是一拳距离。上体中正，前脚膝关节弯曲。低头下看时，膝关节与前脚尖在一条直线上。后脚尖与正前方自然形成30°角，后腿膝关节伸直，重心的2/3放在前脚。

6. 三七步

双脚呈L形，脚内侧形成90°角，重心的70%放在后腿，30%放在前腿。

7. 虎步

身体中正，后脚尖与正前方形成30°角，重心在后腿，前腿膝关节与前脚尖在一条直线上，前脚跟离地，前脚掌轻轻点地，双腿膝关节弯曲，身体重心的90%或100%放在后腿，前后脚相距两脚长距离。

8. 马步

双脚间相距两脚长距离，两腿膝关节弯曲，膝关节向正前方，上体中正，低头向下看时，膝关节与前脚尖在一条直线上，膝关节扣紧，不能向外。

9. 前、后交叉步

双脚相距一拳距离，双腿交叉，小腿形成"X"形，重心的90%放在腿上，前脚和后脚形成90°角。

10. 鹤立步（右脚）

支撑脚的脚尖向正前方，脚内侧平行；支撑腿膝关节与马步相同，膝关节弯曲向正前方；辅助脚的内侧紧贴支撑腿膝关节内侧；辅助腿的膝关节向正前方。

11. 提膝鹤立步

支撑脚的脚尖向正前方，双脚内侧平行；支撑腿膝关节与马步相同，膝关节弯曲向正前方；提膝的脚背紧贴在膝关节后面；提膝的膝关节向正前方。

四、跆拳道的基本格挡

1. 下格挡

起始动作：右侧下格挡时，右臂弯曲放在左肩部，拳心向脸部；辅助手臂伸直，拳心向下与胸口同高。

规定动作：动作完成后，格挡的拳与左右大腿部的距离为一立拳距离；辅助拳放在髋关节处，手臂向后夹紧。

2. 中内格挡

起始动作：右中内格挡时，右手臂弯曲，拳心向外，腕部伸直，拳与颈部同高；辅助手臂伸直，拳心向下与胸口同高。

规定动作：格挡的拳要到身体的中心线；格挡动作完成后拳与肩部同高；格挡动作完成后右手臂的角度是90°～120°；辅助拳放在髋关节处，手臂向后夹紧。

3. 中位外格挡

起始动作：右臂中外格挡时，右臂弯曲并放在左髋关节处，拳心向上；辅助手臂弯曲并放在右肩部，拳心向外。

规定动作：格挡的拳心向外，拳与肩部同高；格挡手臂的角度是90°～120°；辅助拳放在髋关节处，手臂向后夹紧；格挡时，格挡手臂的拳经过肩部。

4. 上格挡

起始动作：右上格挡时，右臂放在左髋关节处，拳心向上；辅助的左臂弯曲放在右肩部，拳心向外。

规定动作：格挡手臂的腕部到人体中心线；格挡手臂与前额为一拳距离；格挡完成后格挡的手臂形成45°角。

5. 手刀中位格挡

起始动作：左侧手刀格挡时，左手放在右髋关节处，掌心向上；辅助的右臂展开120°，手尖与肩部同高，拳心向外，腕部伸直。

规定动作：格挡手臂的掌心向外，腕部伸直；格挡手臂的角度是90°～120°；格挡的手尖与肩部同高；格挡的手刀经过右肩部；辅助手臂的掌心向上与胸口同高，与身体相隔为一立掌距离。

6. 单手刀中位外格挡

起始动作：左侧单手刀外格挡时，左手刀放在右髋关节处，腕部伸直，掌心向上；辅助的右臂弯曲握拳放在左肩部，拳心向外。

规定动作：格挡手臂的掌心向下成45°，腕部伸直，手尖与肩同高，格挡手臂的角度在

90°~120°。辅助手臂弯曲向后夹紧。

7. **手刀交叉下格挡**

起始动作：双拳放在右髋关节处，左手在上，右手在下，双拳心向上。

规定动作：手刀交叉下格挡动作完成后，双臂交叉形成"X"形态；大腿与手刀相距是一立拳距离；肘关节轻微弯曲，腕关节伸直；动作完成后双拳的拳心向左右。

8. **燕子手刀颈部攻击**

起始动作：左手刀从右髋关节处向下移动；右手刀从肩部向前移动。

规定动作：左侧格挡时，格挡的手臂与额头距一拳距离，腕部伸直；攻击的手刀与颈部同高，肩部向左45°角。

9. **剪刀格挡**

起始动作：右拳从左髋关节处向上移动，拳心向里；左拳从右肩部向下移动，拳心向下。

规定动作：格挡动作完成后，内臂中外格挡的拳与肩部同高；下格挡的拳在大腿正前方，与大腿相距一立掌距离；双臂距与肩部同宽；格挡时，内臂中外格挡的手臂在外侧，下格挡的手臂在内侧。

10. **单手刀上位斜外格挡**

起始动作：右侧单手刀上位斜外格挡时，右手刀从左髋关节处，向上移动；左臂弯曲与右肩部同高，掌心向外。

规定动作：格挡手刀的腕部伸直，高度与头部同高，肘关节轻微弯曲然后交叉格挡。身体向正前方形成45°角。

11. **牛角势格挡**

起始动作：双拳放在小腹部，拳心向内，拳与拳的距离是一拳。丹田和拳的距离为一立掌。

规定动作：拳的高度与上格挡同高；格挡动作完成后，左右臂形成45°角；拳和拳相距是一掌距离，双拳和前额相距是一拳距离；格挡完成后，形成犹如把牛角左右撕开的动作。

12. **双拳上位侧格挡**

起始动作：左侧格挡时，右臂放在右髋关节处，拳心向上；左臂放在胸口右侧，拳心向下。

规定动作：格挡的手臂经过面部，腕部伸直，高度与耳部同高，拳心向耳部；辅助手与胸口同高，拳心向下，腕部在胸口的左侧。

13. **山形格挡**

起始动作：双拳从髋关节两侧开始，交叉形成"×"形态。拳心向下，肘关节轻微弯曲。

规定动作：格挡时，双臂交叉经过面部。格挡动作完成后，双臂的腕部与耳部同高，拳心向内，肘关节放松下垂。

14. **反手刀中外格挡**

起始动作：右侧格挡时右臂放在左髋关节处，掌心向下；左臂放松伸直展开，掌心向上，腕部伸直与肩部同高。

规定动作：格挡的手臂经过肩部时开始格挡，高度与肩部同高。格挡完成后辅助的手臂与胸口同高，掌心向下，掌和胸口相距一立掌距离。

第二十八章 剑道

课程资源
扫码即可观看

一、剑道的定义

剑道是传统的竞技性器械武术。正式比赛通常在室内进行，选手赤足，因此对场地木地板的质量有较高要求。选手一对一进行比赛，双方均穿剑道服，戴护具，持竹剑，按规则相互击打有效部位，由裁判计点数判胜负。亦可举行团体比赛，由选手数相等的团体双方分别一对一决出胜负后计算总分。

二、剑道的起源

"剑道"一词的文献来源是《吴越春秋》。两汉时期，中日已有兵器及冶炼铸造技术的交流往来。同时中国一脉相承的双手刀于隋唐时期流传到日本，经过长年战争岁月不断演变，在日趋稳定的日本江户时期，模仿日本盔甲的样式，制作了剑道护具与竹剑，确立了日后体育剑道的雏形。

三、剑道的装备

（1）服装。服装是剑道中"礼"的一部分，剑道服装分为上下身两个部分：上身为剑道衣，下身为袴，一般为靛蓝色，选用棉质材料。

（2）用具。剑道不使用真刀，在对练时使用竹刀，但是却象征着真刀。竹刀，木刀，是剑道最基本的用品之一，竹刀会根据形状、重心分布等区别划分为：胴张、古刀、实战等多个不同类别，品质也会因竹片本身的因素而各有差异。木刀一般只用于剑道形的练习，从中让练习者体会刀的使用方法，不会用于实战。

（3）护具。剑道的护具用来保护身体，重点是打击部位的保护（头顶、小臂、腹部、咽喉），如图28-1所示。

剑道的护具由四部分组成，从上至下分别为：

面：保护头、喉、肩。

胴：保护胸部、腹部。

甲手：保护手背、拳头。

垂：保护下身——护裆。

图28-1

四、练习剑道的能力培养

（一）身体素质能力培养

1. 培养敏捷性和灵巧性

剑道的练习是击、刺、闪等运动的连续，这些是技术的重点。以敏锐的注意力，坚持反复练习，身体的反应会变得敏捷。

2. 培养瞬间反应力

以迅速反应对手的动作为目的而练习，逐渐习惯在瞬间产生的变化，久而久之在日常生活中发生紧急状况时，也能在瞬间采取适应变化的行动。

3. 培养持久力

剑道能提高肌肉和呼吸系统的耐力，不是通过单纯力量训练使肌肉发达粗大，而是增进肌肉持久进行细微工作的能力。

4. 姿势

剑道对姿势的要求是很严格的，姿势是剑道的基础技术。

（二）意志品质能力培养

1. 养成努力的习惯

剑道不仅重视理论，而且重视实践。只有长期练习的积累，才能有技术的进步，在练习过程中，经常会伴随着累、热、渴、痛、冷等痛苦，对这些痛苦的忍耐是剑道练习的一部分。无论练习者的能力（体力、速度、运动神经等）如何优秀，如果缺少忍耐和努力，在剑道上就无法进步。

2. 养气

剑道中"气"的概念，和中国传统武术中的描述类似，强调意识，放松，最终达到养生的效果。

3. 培养集中力和果断力

危急时依靠的是平时所修炼出来的敏锐观察力、判断力以及执行力。所以在剑道的练习中，特别强调精神集中，积极创造机会，面对机会时要出手果断。

（三）适应能力培养

1. 培养社会适应能力

剑道是集体项目，必须与人共处练习。既要维护自己，又不得妨碍他人的自由。当练习者遵守规矩和伙伴共同练习时，可以养成比技术更重要的社会适应能力。

2. 培养尊重对方，重视礼仪的风度

虽然剑道是由格斗技术发展而来，现仍采取格斗的形式，但以教育为目的的剑道需要尊重对方，尽礼节，请求对手指教，并且通过严格的规则加以规范。剑道是"始于礼，终于礼"，而礼节来自对对手的尊重。剑道的学习，使练习者通过礼节，对自身进行实实在在的品德培养。

3. 培养健康和安全的意识

剑道是在确保双方安全的前提下进行的能够增进健康的体育活动，同时又在危险的边缘进行练习，培养练习者克服危机确保安全的能力。

五、剑道的礼节

剑道有三种行礼形式：站立礼、跪坐礼和蹲踞礼。

（一）站立礼

成自然站立，刀由左手提握。握刀方法：刀尖向后下方，左手轻轻地握在护手盘上方的刀体根部，大拇指扣在刀的护手盘上，刀弦（相当于刀的背侧）朝下方。施礼时，持刀的左手放在腰部，右手下垂，贴在右大腿侧面，微向前点头，上体前倾约30度，眼睛注视对手。施礼完毕，还原成自然体站立，如图28-2所示。

图28-2

（二）跪坐礼

由自然体开始，左脚向后稍退，同时屈膝跪坐在地上；接着右脚退下，屈膝而坐，两膝间距离25cm左右。背部自然挺直，两手轻松地扶在大腿根部，双目注视对手。这个姿势也叫"正坐"，正坐时刀放置在左腿旁边的地上。

由正坐姿势开始，两手按在两膝前面地上，两手成八字形，慢慢向前磕头施礼。施礼时，面部向两手正中靠拢，在距地面20～30cm处停住。大约停一次呼吸的时间，上身抬起，还原成正坐姿势，施礼完毕。

注意：磕头施礼时，两手不能随便移动，两肘关节不要过于向外张开，不能使腹部浮起，否则施礼动作轻浮，是失礼行为。施礼完毕起立时，右脚先起，左脚后起。坐下时由左脚开始，站起时由右脚开始，即按"坐左立右"顺序进行，如图28-3所示。

图28-3

（三）蹲踞礼

剑道中还有一种准备姿势——蹲踞姿势，是跪坐时对付突然袭击的实战姿势。蹲踞姿势方法：双膝充分弯曲、分开，脚跟提起，臀部坐于脚后跟，上体保持正直。蹲踞时的礼节为：上体部分要求同站立礼，头部前躬30度即可。如持刀准备姿势，则可用左手握持刀体，右手握刀柄靠近护手部分，成准备拔刀出击的样子。

蹲踞姿势要点：两膝要充分展开，但此时上体容易前后或左右摇摆。因此要多练习，以求保持重心的稳定，如图28-4所示。

图28-4

六、自然体

学剑道时先要学习基本姿势——自然体，就是学习剑道时的最基本的姿势。它既能应付对手的进攻，又能使自己处于轻松自然的状态。自然体被称为剑道的动作之本。

（一）自然体站立方法

两足自然分开站立。两足间距以足跟为基准，间隔12～15cm，足尖稍微向外展开，以自我感觉安定轻松为度。两膝关节似屈似伸，保持一定的强度。身体重心落在两足中间。颈部伸直，下颌内含，背部上拔。两肩放松，不能有僵硬的感觉。下腹部沉实，腰部不能松动，否则会使重心不稳。嘴唇轻轻闭上，牙齿合拢，呼吸深长。两目注视前方。

图28-5

（二）自然体的要领

做自然体时，重心在两足的正中央，向前、后、左、右移动，都需保持平稳。单手持竹刀的自然体姿势。左手肘部稍弯曲，手持刀体根部，刀弦朝下，刀和身体成45度夹角，右手掌心向内，自然垂放在右大腿侧（图28-5）。

七、剑道基本步法

剑道是一项灵敏度很高的格斗技术，对身体的灵活性要求很高。身体灵活性的基础在于步法运动的灵活性。剑道的步法有四种，在学习步法之前，首先要掌握持刀格斗的基本步型，也称为"持刀式步型"。通常将右脚向前跨出约一个脚板的长度，两脚间距为半步，形成平行四边形。身体重心在两脚的中间，右脚踏实，左脚跟稍微提起。

（一）走步

前进或后退时使用走步。在距对手较远（约4～5步）时，使用这种步法比较灵便。

走步的方法：与通常走路相似。两脚交替前进或后退。走步时脚掌应与地面摩擦似进退，因此这种步法也被称为"摩擦步"。

走步的要领：上体不能松软无力，以腰为中心控制身体移动。但必须注意，向斜面方向或向左、右横向运动时，不能使用这种步法。

（二）滑步

脚板轻贴地面，两脚保持平行姿势进行移动称为滑步。滑步是剑道技术中使用最多的，可以向前、后、左、右及四个斜向做八个方向运动。

（三）闪步

当对手从正面攻击时，我向左或向右躲闪时；或者反攻还击对手时使用向两侧移动的步法，称为闪步。闪步分左闪步和右闪步两种。

1. **闪步的方法**

（1）向右闪时，右脚向右斜前方跨出，左脚骤然跟右脚闪开。

（2）向左闪时，左脚向左斜前方跨出，右脚骤然跟左脚闪开。

2. **闪步的要领**

向右闪步时，腰身向左拧转；向左闪步时，腰身向右拧转，这样可以平衡闪步所引起的倾斜力，保持身体重心稳定。

（四）垫步

与对手距离较远时，以跳跃形式攻击对手所使用的步法叫垫步。

垫步的方法：左脚向右脚靠拢，然后左脚蹬地，右脚借左脚蹬地之力，向前跨一大步，紧跟着左脚追上右脚。

垫步的要领：这种步法使用时，上身不能松软，要以腰来定性。

八、中段姿势基本功

剑道持刀姿势是很重要的架势，也是经常使用的架势。中段姿势如果不牢牢地掌握，其他四种基本姿势也不可能准确掌握。

从外形上看，中段姿势很平常，但无论从进攻或者对垒来说，中段姿势都是最适宜的架势，能应付来自各个方向的攻击，如图28-6所示。

1. **中段姿势的方法**

（1）持刀方法：左手的小指、无名指握住刀的柄部尾端；右手也用小指、无名指握住刀的护手下面刀

图28-6

柄上端；左、右手的虎口均要同刀保持直线，由上向下压紧刀柄；两手心相对用力，有一种绞拧的力感。握刀常见的错误是双手手心向上握持刀柄。

（2）持刀架势：左手握刀柄尾部，对准自己的腹部中央。右手握刀柄上部，起固定方向作用。刀尖向正前上方，对准对手咽喉部位。

（3）脚步的位置：两脚间隔约15cm，右脚在前，左脚尖与右脚跟成水平线。右脚踏实，左脚跟稍离地面。

（4）头部：头要竖直，两眼注视对手，以能将对手全身上下观察清楚为度。

2. 中段姿势的要领

（1）双手持刀时刀柄不能高于自己的腹部。如双手放置过高，则两手腕将过于伸直，虎口压不住刀柄，无法控制刀。而且还会使肩部僵硬，两膝失去顶力而浮起重心，失去稳定。

（2）正确的姿势是上身既要轻松自如，又要控制自己重心；既不能东倒西歪，也不能呆板僵滞。要有一种从后向前逼近的力量感觉。

（3）右脚向前跨出，左脚应立即跟着前进。行进线路必须成一直线，两脚始终保持平行四边形。

九、上段姿势和下段姿势

（一）上段姿势

上段姿势属于专门攻击的姿势。上段姿势分左上段和右上段姿势。根据单手或双手握刀的姿势，分为双手上段姿势和单手上段姿势。

在所有的上段姿势中，最普遍使用的还是双手上段姿势。

1. 双手上段姿势的方法

（1）右双手上段姿势：由中段姿势开始，右脚向前方大步跨出，双手握刀举至头部。

（2）左双手上段姿势：由中段姿势开始，左脚向前方大步跨出，双手握刀举至头部，如图28-7所示。

图28-7

2. 上段姿势的要领

做双手上段姿势时，双手要举到头顶上面。两前臂成八字形，两眼从左手腕下方注视前方。刀置于头上方偏右后方向，刀尖斜立。

除双手上段姿势外，还有单手上段姿势。单手上段姿势与双手上段姿势相似，区别是以一只手握刀进行战斗。

（二）下段姿势

下段姿势是以防守为主的姿势，同时也可以作为由下向前上方攻击的姿势。它和中段、上段姿势相比，较轻松省力。

1. 下段姿势的方法

由中段姿势开始，刀尖向下，指向对手的膝盖部位，给对手的步法造成威胁的同时做好防卫准备。这种姿势的步法和刀柄的位置与中段姿势相同。

2. 下段姿势的要领

持刀时，上体不可向前倾，须稳定重心，目光正视对手，如图28-8所示。

图28-8

十、上下劈击和斜向劈击

单人刀法练习中，要用全身的力量，而不应该仅是手臂的力量。单人刀法的技术较多，如上下劈击、斜向劈击、跳跃上下劈击、跪姿劈击等。在这里重点介绍上下劈击和斜向劈击的技术。

（一）上下劈击刀法

1. 上下劈击的方法

（1）从中段姿势开始，双手持刀，由下向上大幅度地正直向上举起，如图28-9所示。

（2）随即右脚向前跨步，身体向前送出。举起的刀不能静止不动，而要在两臂伸直的同时，向前下方正直劈下去。

（3）劈下去的刀尖，在距离地面3cm左右停住。随即左脚向右脚跟进靠拢，左手臂贴在腹部，右手在前。

（4）双手上挑，刀还原为中段姿势，如图28-10所示。

2. 上下劈击动作要领

（1）从举刀到劈刀，刀必须在身体的中心线上运动。

（2）劈刀时，左、右手有一种向内压挤的力量。

（3）肩部不能僵硬，要使全身力量达至刀尖。

（4）刀向上举时，右脚用滑步，同时要注意脚不可离开地面。

图28-9　　　　　　　　　　　图28-10

（二）斜向劈击刀法

1. 斜向劈击的方法

（1）从中段姿势开始，向上举刀，同时右脚向前跨出，将身体推进。如图28-11所示。

（2）举刀动作不停，到达顶点后，即向斜下运动。右手定方向，向距头正中线偏45度自右上斜着向左下劈击。同时，左脚向前跟进与右脚靠拢，如图28-12所示。

（3）将劈下去的刀上提起，还原为中段姿势。左脚再次向前跨出，刀举到头部后，再向偏头正中线45度自左上向右下斜劈，右脚向前向右脚靠拢。

（4）右斜劈刀时，刀尖至右膝盖位置停住；左斜劈刀时，刀尖至左膝盖位置停住。

2. 斜向劈刀动作要点

（1）做斜劈刀动作时，上身不能摇摆，只有重心稳定，劈刀才能有力。

（2）左斜劈刀时身体更容易移动，身体要稍向右移，以增加稳定性。

（3）斜劈刀时刀容易偏离身体中心线，刀要在以鼻子为起点、以膝为终点的斜线上运动。

（4）斜向劈刀的单人训练是学习劈击左、右面部及身体技术的基本功，必须充分加以练习。

图28-11　　　　　　　图28-12

第二十九章 六字诀

课程资源
扫码即可观看

一、发展史

在西汉时期《王褒传》中有"呵嘘呼吸如矫松"的记载。南北朝时期陶弘景《养性延命录》中也记载有长息法。传至唐代名医孙思邈，按五行相生的顺序，配合季节，编写了卫生歌，奠定了六字诀的基础。

二、功法特点

六字诀是一种吐纳法。它是通过嘘、呵、呼、呬、吹、嘻六个字不同发音时的口型，唇齿喉舌的用力不同，以牵动不同的脏腑经络气血运行。

三、技术动作

预备式：两足开立，与肩同宽，头正颈直，含胸拔背，松腰松胯，双膝微屈，全身放松，呼吸自然。

呼吸法：顺腹式呼吸，先呼后吸，呼时读字，同时提肛，重心移至足跟。

调息：每个字读六遍后，调息一次，以稍事休息，恢复自然。

1. 嘘——平肝气

嘘，读（xū）。口型为两唇微合，有横绷之力，舌尖向前并向内微缩，上下齿有微缝。

呼气念嘘字，足大趾轻轻点地，两手自小腹前缓缓抬起，手背相对，经肋至与肩平，两臂如鸟张翼向上、向左右分开，手心斜向上。两眼随呼气之势尽力瞪圆。屈臂两手经面前、胸腹前缓缓下落，垂于体侧。再做第二次吐字。重复六次，调息。

嘘字功可缓解目疾、肝肿大、胸胁胀闷、食欲不振、两目干涩、头目眩晕等。

2. 呵——补心气

呵，读（hē）。口型为半张，舌顶下齿，舌面下压。

呼气念呵字，足大趾轻轻点地，两手掌心向里由小腹前抬起，经体前到至胸部两乳中间向外翻掌，上托至眼部。呼气尽吸气时，翻转手心向面，经面前、胸腹缓缓下落，垂于体侧，再行第二次吐字。重复六次，调息。

呵字功可缓解心悸、心绞痛、失眠、健忘、盗汗、口舌糜烂、舌强语塞等心经疾患。

3. 呼——培脾气

呼，读（hū）。口型为撮口如管状，舌向上微卷，用力前伸。

呼字时，足大趾轻轻点地，两手自小腹前抬起，手心朝上，至脐部，左手外旋上托至头顶，同时右手内旋下按至小腹前。呼气尽吸气时，左臂内旋变为掌心向里，从面前下落，同时右臂回旋掌心向里上穿，两手在胸前交叉，左手在外，右手在里，两手内旋下按至腹前，自然垂于体侧。再以同样要领，右手上托，左手下按，做第二次吐字。重复六次，调息。

呼字功可缓解腹胀、腹泻、四肢疲乏、食欲不振、肌肉萎缩、皮肤水肿等脾经疾患。

4. 呬——补肺气

呬，读（sī）。口型为开唇叩齿，舌微顶下齿后。

呼气念呬字，两手从小腹前抬起，逐渐转掌心向上，至与两乳平，两臂外旋，翻转手心向外成立掌，指尖对喉，然后左右展臂。呼气尽，随吸气之势两臂自然下落垂于体侧，重复六次,调息。

呬字功可清理肺部郁热。

5. 吹——补肾气

吹,读(chuī)。口型为撮口,唇出音。

呼气读吹字,足五趾抓地,足心空起,两臂自体侧提起,绕长强、肾俞向前划弧并经体前抬至锁骨平,两臂撑圆如抱球,两手指尖相对。身体下蹲,两臂随之下落,呼气尽时两手落于膝盖上部。随吸气之势慢慢站起,两臂自然下落垂于身体两侧。重复六次,调息。

吹字功可缓解腰膝酸软、盗汗遗精、阳痿、早泄、子宫虚寒等。

6. 嘻——理三焦

嘻,读(xī)。口型为两唇微启,舌稍后缩,舌尖向下。有喜笑自得之貌。

呼气念嘻字,足四、五趾点地,两手自体侧抬起如捧物状,过腹至两乳平,两臂外旋翻转手心向外,并向头部托举,两手心转向上,指尖相对。吸气时五指分开,由头部循身体两侧缓缓落下并以意引气至足四趾端。重复六次,调息。

嘻字功可缓解三焦不畅而引起的眩晕、耳鸣、喉痛、胸腹胀闷、小便不利等。

第三十章 八段锦

课程资源
扫码即可观看

第一节 八段锦概述

一、八段锦的起源及发展

八段锦是我国古代的导引术，健身效果明显，流传广泛，是中华传统养生文化瑰宝。八段锦的"八"字，不是单指段、节和8个动作，而是表示如八卦那样，其功法有多种要素，相互制约，相互联系，循环运转。"锦"字，是由"金""帛"组成，以表示其精美华贵。此外，"锦"字还可以理解为单个导引术式的汇集，如丝绵那样连绵不断，是一套完整的健身方法。

八段锦是由国家体育总局健身气功管理中心组织、北京体育大学专家承担编创的一套健身功法，该功法保留了传统八段锦的精髓，遵循气功锻炼的固有规律，以中西医及相关现代科学理论为基础，具有明显的健身养生效果。

从八段锦的起源及发展来看，八段锦属健身、强体、治病的传统健身方法，并经历代医家、养生家的不断丰富和完善。从其动作名称我们就可以了解其健身的作用。如两手托天理三焦，两手托天是为了调理三焦等。其他的动作名称也是如此，简单明了，易学易记。

从八段锦的动作要领来分析其健身的原理，八段锦主要是通过疏通经络，调和气血，调理脏腑来达到健身、治病的目的。

二、八段锦与身体健康

八段锦是在继承传统精华的基础上，根据现代社会人们身心的特点而编，其与时俱进的健身理念，身心兼修、动作美观、有针对性的功法特点，易于为当代大学生所接受，其所具有的深厚的传统文化内涵底蕴也可使大学生从中感受和体悟到中国的传统文化。因此习练八段锦不仅能够提高大学生的身心健康，而且能够提高大学生对中国传统文化的深刻认识。

八段锦注重全身锻炼，并强调松紧结合、动静结合，有助于加强周身的血液循化，缓解局部肌肉的紧张状态，对预防长期伏案工作给大学生带来的颈、肩、背部疾患具有显著的效果。此外，八段锦中舒展肢体、抓握掌指和怒目瞪视的动作编排能很好地降肝火，调节眼肌，为大学生缓解视力衰退带来好处。

第二节 八段锦技术

一、预备势

1. 动作方法

（1）两脚并步站立，两臂垂于体侧。目视前方（图30-1）。

（2）左脚向左开步，与肩同宽。两臂内旋向两侧摆起，与髋同高，掌心向后。目视前方（图30 2）。

（3）两膝关节稍屈，同时，两臂外旋，向前合抱球于腹前，与脐同高，掌心向内，两掌指间距约10cm。目视前方（图30-3）。

图30-1　　　　　　图30-2　　　　　　图30-3

2. 动作要点

（1）头向上顶，下颏微收，舌抵上腭，嘴唇轻闭，沉肩坠肘，腋下虚掩。胸部宽舒，腹部松沉。收髋敛臀，上体中正。

（2）呼吸徐缓，气沉丹田，调息6～9次。

3. 主要功用

宁静心神，调整呼吸，内安五脏，端正身形，从精神与肢体上做好练功前的准备。

4. 易犯错误

（1）抱球时，大拇指上翘，其余四指斜向地面。

（2）塌腰，跪腿，八字脚。

5. 纠正方法

（1）沉肩，垂肘，指尖相对，大拇指放平。

（2）收髋敛臀，命门穴放松，膝关节不超越脚尖，两脚平行站立。

6. 教法建议

（1）采用先分解后完整的教学方法。

（2）镜面示范讲解动作，背面示范领做。

7. 练法建议

（1）先把每一势分成若干动作，对每一动进行定势练习。

（2）每一动熟练后，再进行动与动之间的连接。

二、第一式　两手托天理三焦

1. 动作方法

（1）两臂外旋微下落，掌心向上。目视前方（图30-4）。

（2）两掌五指分开在腹前交叉，两腿挺膝伸直。同时，两掌上托于胸前，随之两臂内旋向上托起，掌心向上。抬头，目视两掌（图30-5）。

（3）两臂继续上托，肘关节伸直。同时，下颏内收，动作略停。目视前方（图30-6）。

（4）身体重心缓缓下降，两腿膝关节微屈。同时，十指慢慢分开，两臂分别向身体两侧下落，两掌捧于腹前，掌心向上。目视前方（图30-7）。

此式一上一下为1次，共做6次。

  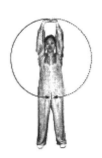 

图30-4　　　　　图30-5　　　　　图30-6　　　　　图30-7

2. 动作要点

（1）两掌上托要舒胸展体，略有停顿，保持伸拉。

（2）两掌下落，松腰沉髋，沉肩坠肘，松腕舒指，上体中正。

3. 主要功用

（1）通过对胸腹部的牵拉，调理三焦。同时可牵拉上肢内侧手少阴心经、手厥阴心包经、手太阴肺经，从而达到对心、心包、肺等脏腑及其所属经脉的刺激，促使经气运行。

（2）可以充分拉长躯干与上肢各关节周围的肌肉、韧带及关节软组织，使其伸展性增加，提高关节的灵活性，对于防治肩部疾患具有良好的作用，有利于预防颈椎病。

4. 易犯错误

两掌上托时，抬头不够。继续上举时松懈断劲。

5. 纠正方法

两掌上托，舒胸展体缓慢用力。下颏先向上助力，再内收配合两掌上撑，力在掌根。

6. 教法建议

（1）采用先完整后分解的教学方法。

（2）镜面示范、讲解、领做。

7. 练法建议

（1）熟练动作。

（2）动作配合呼吸。两掌上托时吸气，停顿时闭气，两掌下落时呼气。

三、第二式　左右开弓似射雕

1. 动作方法

（1）重心右移，左脚向左开步站立，两膝关节自然伸直。同时，两掌向上交叉于胸前，左掌在外，两掌心向内。目视前方（图30-8）。

（2）两腿屈膝半蹲成马步。同时，右掌屈指成爪，向右拉至肩前。左掌成八字掌，左臂内旋，向左推出，与肩同高，坐腕，掌心向左，犹如拉弓射箭之势，动作略停。目视左前方（图30-9）。

（3）重心右移。同时，右手五指伸开成掌，向上、向右画弧，与肩同高，指尖向上，掌心斜向前。左手指伸开成掌，掌心斜向前。目视右掌（图30-10）。

（4）重心继续右移，左脚回收成并步站立。同时，两掌分别由两侧下落，捧于腹前，指尖相对，掌心向上。目视前方（图30-11）。

此式一左一右为1次，共做3次。做到第3次最后一动时，重心继续左移，右脚回收成开步站立，与肩同宽，膝关节微屈。同时，两掌分别由两侧下落，捧于腹前，指尖相对，掌心向上。目视前方（图30-12）。

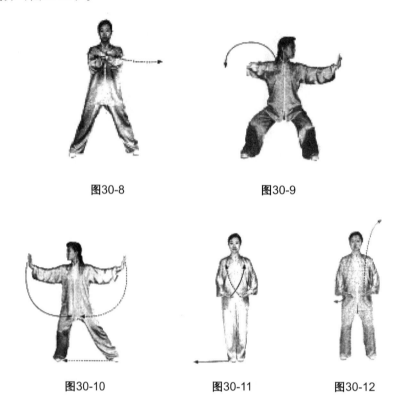

图30-8　　　　　　　图30-9

图30-10　　　图30-11　　　图30-12

2. **动作要点**

（1）侧拉之手五指要并拢屈紧，肩臂放平。

（2）八字掌侧撑需沉肩坠肘，屈腕，竖指，掌心涵空。

（3）年老或体弱者可自行调整马步的高度。

3. **主要功用**

（1）展肩扩胸，可刺激督脉和背俞穴，同时刺激手三阴三阳经等，可调节手太阴肺经、手厥阴心包经、手少阴心经、手太阳小肠经、手阳明大肠经、手少阳三焦经等经脉之气。

（2）能有效地发展上下肢肌肉力量，提高平衡和协调能力。可以矫正一些不良姿势，如驼背及肩内收，有利于预防肩、颈疾病。

4. **易犯错误**

端肩，弓腰，八字脚。

5. **纠正方法**

肩坠肘，上体直立，两脚跟外撑。

6. **教法建议**

（1）先教站立拉弓射箭，再过渡到马步拉弓射箭，最后教过渡动作。

（2）镜面示范讲解动作，背面示范领做。

7. **练法建议**

（1）先对每一动进行定势练习。

（2）每一动熟练后，再进行动与动之间的连接。

四、第三式　调理脾胃须单举

1. 动作方法

（1）两腿徐缓挺膝伸直。同时，左掌上托，臂外旋上穿经面前，随之臂内旋上举至头左上方，肘关节微屈，掌心向上，指尖向右，目视前方（图30-13）。

（2）然后右掌微上托，随之臂内旋下按至右髋旁，掌心向下，指尖向前，动作略停。松腰沉髋，重心缓缓下降，两膝关节微屈。同时，左臂屈肘外旋，左掌经面前下落于腹前，掌心向上。右臂外旋，右掌向上捧于腹前，掌心向上，两掌指尖相对，相距约10cm。目视前方（图30-14）。

（3）动作同图30-13，唯左右相反。

（4）动作同图30-14，唯左右相反。

此式一左一右为1次，共做3次。做到第3次最后一动时，变两膝关节微屈。同时，右臂屈肘，右掌下按于右髋旁，掌心向下，掌指向前。目视前方（图30-15）。

图30-13　　　　　图30-14　　　　　图30-15

2. 动作要点

力在掌根，上撑下按，舒胸展体，拔长腰脊。

3. 主要功用

（1）通过左右上肢一松一紧的上下对拉（静力牵张），可以牵拉腹腔，对脾胃中焦肝胆起到按摩的作用，促进胆汁、胃液的分泌。

（2）可使脊柱内各椎骨间的小关节及小肌肉得到锻炼，从而增强脊柱的灵活性与稳定性，有利于预防和治疗肩、颈疾病。

4. 易犯错误

掌指方向不正，肘关节没有弯曲度，上体不够舒展。

5. 纠正方法

两掌放平，力在掌根，肘关节稍屈，对拉拔长。

6. 教法建议

（1）先背面示范领做，让学生掌握基本路线。

（2）再镜面示范详细讲解动作要领。

7. 练法建议

（1）先进行定势练习，体会上撑下按之劲力。

（2）再进行动与动之间的连接。

五、第四式　五劳七伤往后瞧

1. 动作方法

（1）两腿挺膝伸直。同时，两臂伸直，掌心向后，指尖向下。目视前方（图30-16）。

（2）两臂外旋，掌心向外。头向左后转，动作略停。目视左斜后方（图30-17）。

（3）松腰沉髋，重心缓缓下降，两膝关节微屈。同时，两臂内旋按于髋旁，掌心向下，指尖向前。目视前方（图30-18）。

（4）动作同图30-16，唯左右相反。

（5）动作同图30-17，唯左右相反。

（6）动作同图30-18。

此式一左一右为1次，共做3次。做到第3次最后一动时，变两膝关节微屈。同时，两掌捧于腹前，指尖相对，掌心向上。目视前方（图30-19）。

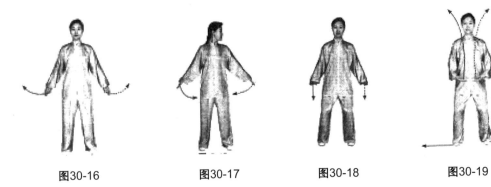

图30-16　　　　图30-17　　　　图30-18　　　　图30-19

2. 动作要点

头向上顶，肩向下沉，转头不转体，旋臂，两肩后张。

3. 主要功用

（1）"五劳"指心、肝、脾、肺、肾等五脏劳损，"七伤"指喜、怒、悲、忧、恐、惊、思等七情伤害。往后瞧的转头动作可以刺激颈部大椎穴，达到防治五劳七伤的目的。

（2）可增加颈部及肩关节周围参与运动肌群的收缩力，增加颈部运动幅度，活动眼肌，预防眼肌疲劳和肩颈及背部疾患，改善颈部及脑部血液循环，有助于解除中枢神经系统的疲劳，增进和改善其功能。

4. 易犯错误

上体后仰，转头与旋臂不充分或转头速度过快。

5. 纠正方法

下颏内收，转头与旋臂幅度宜大，速度均匀。

6. 教法建议

先学习转头方法，再进行旋臂练习，最后进行整个动作的教学。

7. 练法建议

注意转头不转身，旋臂时小指要用力内旋。

六、第五式　摇头摆尾去心火

1. 动作方法

（1）重心左移，右脚向右开步站立。同时，两掌上托与胸同高时，两臂内旋，两掌继续上托至头上方，肘关节微屈，掌心向上，掌指相对。目视前方（图30-20）。

（2）两腿屈膝半蹲成马步。同时，两臂向两侧下落，两掌扶于膝关节上方，肘关节微屈，小指侧向前。目视前方（图30-21）。

（3）重心向上稍升起，随之重心右移，上体向右侧倾、俯身。目视右脚（图30-22）。

（4）重心左移。同时，上体由右向前、向左旋转。目视右脚（图30-23）。

（5）重心右移成马步。同时，头向后摇，上体立起，随之下颌微收。目视前方（图30-24）。

（6）动作同图30-22，唯左右相反。

（7）动作同图30-23，唯左右相反。

（8）动作同图30-24，唯左右相反。

此式一左一右为1次，共做3次。做完3次后，重心左移，右脚回收成开步站立，与肩同宽。同时，两臂经两侧上举，两掌心相对。目视前方（图30-25）。

随后松腰沉髋，重心缓缓下降，两膝关节微屈。同时，两臂屈肘，两掌下按至腹前，掌心向下，指尖相对。目视前方（图30-26）。

图30-20

图30-21

图30-22

图30-23

图30-24

图30-25

图30-26

2. 动作要点

（1）马步下蹲要收髋敛臀，上体中正。

（2）摇转时，脖颈与尾闾对拉伸长，好似两个轴在相对运转，速度应柔和缓慢，动作要圆活连贯。

3. 主要功用

（1）心火，即心热火旺的病症，属阳热内盛的病机。两腿下蹲，摆动尾闾，可刺激脊柱、督脉、足少阴肾经、膀胱经。摇头可刺激膀胱经与大椎穴，有疏经散热的作用，有助于祛除心火。

（2）在摇头摆尾过程中，可使整个脊柱肌群参与收缩，既增加了颈、腰、髋的关节灵活性，又发展了该部位的肌力。能使腹腔内脏得到挤压按摩，使其功能得到改善，还可以加快食物残渣的排出，有利于预防便秘和痔疮。

4. 易犯错误

（1）摇转时颈部僵直，尾闾摇动不圆活，幅度太小。

（2）前倾过大，使整个上身随之摆动。

5. 纠正方法

（1）上体侧倾与向下俯身时，下颏不要有意内收或上仰，颈椎部肌肉尽量放松伸长。

（2）加大尾闾摆动幅度，上体左倾尾闾右摆，上体前俯尾闾向后，头不低于水平，使尾闾与颈部对拉拔长，加大旋转幅度。

6. 教法建议

先学习摇头动作，再学习摇尾的动作，最后学习摇头与摆尾如何配合

7. 练法建议

（1）先熟练掌握摇头正确动作，再熟练掌握摇尾的动作。

（2）先把摇头与摆尾的配合点找对，再慢慢熟练动作，不要急于求成。

七、第六式 两手攀足固肾腰

1. 动作方法

（1）两腿挺膝伸直站立。同时，两掌变指尖向前，两臂向前、向上举起，肘关节伸直，掌心向前。目视前方（图30-27）。

（2）两臂外旋至掌心相对，屈肘，两掌下按于胸前，掌心向下，指尖相对。目视前方（图30-28）。

（3）两臂外旋，两掌心向上，随之两掌掌指顺腋下后插。目视前方（图30-29）。

图30-27

图30-28

图30-29

（4）两掌心向内沿脊柱两侧向下摩运至臀部，随之上体前俯，两掌继续沿腿后向下摩运，经脚两侧置于脚面。抬头，动作略停。目视前下方（图30-30）。

（5）两掌沿地面前伸，随之用手臂举动上体起立，两臂伸直上举，掌心向前。目视前方（图30-31）。

此式一上一下为1次，共做6次。做完6次后，松腰沉髋，重心缓缓下降，两膝关节微屈。同时，两掌向前下按至腹前，掌心向下，指尖向前。目视前方（图30-32）。

图30-30

图30-31

图30-32

2. 动作要点

两掌反穿摩运要适当用力，至足背时松腰沉肩，两膝挺直，向上起身时要手臂主动上举，带动上体立起。

3. 主要功用

（1）通过大幅度前屈后伸可刺激脊柱、督脉、膀胱经、背、腰、膝及命门、阳关、委中等穴，达到固肾壮腰的作用。

（2）通过脊柱大幅度的前屈后伸，可有效地发展躯干前、后伸屈脊柱肌群的力量与伸展性，同时对下肢后群肌肉的伸展性也有明显作用。

4. 易犯错误

（1）两手下摩运时低头，膝关节弯曲。

（2）向上起身时，起身在前，举臂在后。

5. 纠正方法

（1）两手向下摩运要抬头，膝关节伸直。

（2）向上起身时要以臂带身。

6. 教法建议

（1）采用先分解后完整的教学方法。

（2）镜面示范讲解动作，背面示范领做。

（3）在体会以臂带身动作时，可采用助力教学法，即一人站立牵引另一人的双手去完成动作。

7. 练法建议

这一式的重点动作是起身时要以臂带身，因此在练习起身时，要求两臂向前推，体会把身体推起来的感觉，如此反复练习。

八、第七式　攒拳怒目增气力

1. 动作方法

重心右移，左脚向左开步，两腿屈膝半蹲成马步。同时，两掌变拳抱于腰侧，拇指在内，拳眼向上。目视前方（图30-33）。

（1）左拳缓慢用力向前冲出，与肩同高，拳眼向上。瞪目，视左拳冲出方向（图30-34）。

（2）左臂内旋，左拳变掌，虎口向下。目视左掌（图30-35）。左臂外旋，肘关节微屈，同时左掌向左缠绕，变掌心向上后握固，目视左拳（图30-36）。

（3）屈肘，回收左拳至腰侧，拳眼向上。目视前方（同图30-33）。

动作4至动作6，同动作1至动作3，唯左右相反。

此式一左一右为1次，共做3次。做完3次后，重心右移，左脚回收成并步站立。同时，两拳变掌，垂于体侧。目视前方（图30-37）。

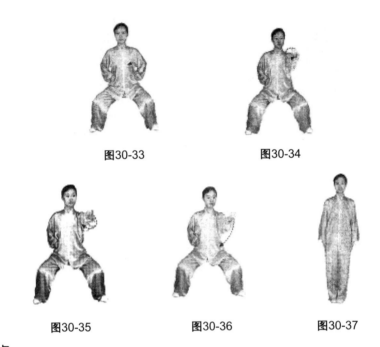

图30-33　　　　图30-34

图30-35　　　图30-36　　　图30-37

2. **动作要点**

（1）马步的高低可根据自己的腿部力量灵活掌握。

（2）冲拳时怒目圆睁，脚趾抓地，拧腰顺肩，力达拳面；回收时要旋腕，五指用力抓握。

3. **主要功用**

（1）肝主筋，肝开窍于目，怒目瞪眼可刺激肝经，有疏肝益肝、益睛明目的作用。

（2）两腿下蹲十趾抓地、双手握拳、旋腕、手指逐节强力抓握，可刺激手足三阴三阳十二经脉和脊柱督脉与膀胱经背俞穴。同时可使全身肌肉、筋脉受到静力牵张刺激，长期锻炼可使全身筋肉结实有力，气力大增，即肝主筋之意。

4. **易犯错误**

（1）冲拳时上体前俯，端肩，掀肘。

（2）拳回收时旋腕不明显，抓握无力。

5. **纠正方法**

（1）冲拳时头向上顶，上体立直，肩部松沉，肘关节微屈，前臂贴肋前送，力达拳面。

（2）拳回收时，先五指伸直充分旋腕，再屈指用力抓握。

6. 教法建议

（1）先学习旋腕握拳动作，可以一人抓握对方手腕，一人做旋腕反拿对方的练习，从而体会旋腕握拳的内在劲力的变化。

（2）镜面示范讲解动作，背面示范领做。

7. 练法建议

（1）先采取站立姿势体会旋腕握拳动作，动作熟练后再进行马步练习。

（2）注意拧腰顺肩，力达拳面。

九、第八式　背后七颠百病消

1. 动作方法

（1）两脚跟提起，头上顶，动作略停。目视前方（图30-38）。

（2）两脚跟下落，轻振地面。目视前方（图30-39）。

此式一起一落为1次，共做7次。

图30-38　　图30-39

2. 动作要点

（1）上提时脚趾要抓地，脚跟尽力抬起，两腿并拢，百会穴上顶，略有停顿，掌握好平衡。

（2）脚跟下落时，咬牙，轻轻下振。同时沉肩舒臂，周身放松。

3. 主要功用

（1）颠足可刺激脊柱与督脉，使全身脏腑经络气血通畅，阴阳平衡。可发展小腿后群肌力，拉长足底肌肉、韧带和提高人体的平衡能力。

（2）落地震动可轻度刺激下肢及脊柱各关节内外，并使全身肌肉得到了很好的放松复位，有助于肌肉代谢产物的排出，解除肌肉紧张。

4. 易犯错误

上提时，端肩，身体重心不稳。

5. 纠正方法

五趾抓住地面，两腿并拢，提肛收腹，肩向下沉，百会穴上顶。

6. 教法建议

（1）采用先分解后完整的教学方法。

（2）镜面示范讲解动作、领做。

7. 练法建议

提踵时，身体重心要往前倾，压在前脚掌；落踵时，脚后跟要先下一半，以免落下时地面给身体的反作用力对头部的冲击。

十、收势

1. 动作方法

（1）两臂内旋，向两侧摆起，与髋同高，掌心向后。目视前方（图30-40）。

（2）上动不停，两臂屈肘，两掌相叠于腹部丹田处（男性左手在内，女性右手在内）。目视前方（图30-41）。

（3）两臂自然下落垂于体侧，两掌轻贴于腿外侧。目视前方（图30-42）。

图30-40　　　　　　　图30-41　　　　　　　图30-42

2. 动作要点

两掌内外劳宫相叠于丹田，周身放松，气沉丹田。

3. 主要功用

气息归元，整理肢体，放松肌肉，愉悦心情，进一步巩固练功的效果，使血液循环与代谢水平进一步降低，逐渐恢复到练功前安静时的状态。

4. 易犯错误

收功随意，动作结束后或心浮气躁，或急于走动。

5. 纠正方法

收功时要心平气和，举止稳重。收功后可适当做一些放松活动，如搓手浴面和肢体放松等。

6. 教法建议

（1）采用先分解后完整的教学方法。
（2）镜面示范讲解动作，背面示范领做。

7. 练法建议

（1）通过意守丹田来宁静心神，使气息归元。
（2）轻轻揉腹拍打身体，以使气血顺畅。

第三十一章 易筋经

课程资源
扫码即可观看

一、功法简介

易筋经源于我国古代中医导引术，具有强健体魄、预防疾病的效果。"易"是变通、改换、脱换之意；"筋"指筋骨、筋膜；"经"则带有指南之意。易筋经内经采用站式，以一定的姿势，借呼吸诱导，逐步加强筋脉和脏腑的功能。大多数采取静止性用力。呼吸以舒适自然为宜，不可迸气。

二、技术动作

1. 韦驮献杵第一势

（1）口诀：立身期正下，环拱手当胸，气定神皆敛，心澄貌亦恭。

（2）动作姿势（图31-1）。

① 预备桩功：两脚平行站立，与肩等宽，双膝微屈，两臂自然下垂于身体两侧，五指自然并拢微屈，两眼平视前方，继而放松，轻轻闭合，眼若垂帘。全身自上而下头颈、肩、臂、胸、腹、臀、大腿、小腿、脚依次放松，躯体各关节及内脏放松，做到身无紧处，心无杂念，神意内收。

继而再做内观放松，神意内收。

引气下行，内观咽喉，自觉颈项放松。

引气下行，内观小丹田，自觉心胸开阔，神清气爽。

引气下行，内观脾胃，自觉中焦温热，胃脘舒适。

引气下行，内观下丹田，自觉命门温热，元气充沛，腹内暖意融之。

引气下行，内观会阴，自觉会阴放松。

引气沿两腿内侧下行，内观涌泉，自觉无限生机自足下涌出。

② 拱手当胸：两臂徐徐前举，掌心相对，与肩等宽，两臂平直，再屈肘，肘节自然向下坠，两手慢慢内收，距胸约一拳后，两手指尖相叠，拇指轻触，掌心向内。此时要求沉肩坠肘，含胸拔背，气沉丹田，舌抵上腭，面带微笑。

2. 韦驮献杵第二势

（1）口诀：足趾挂地，两手平开，心平气静，目瞪口呆。

（2）动作姿势（图31-2）。

① 接上势，翻转掌心向下，指尖相对，在体前缓缓下按至小腹前，同时引气下导。两掌左右分开，翻转掌心朝上，缓慢上抬成侧平举，意念在无限远处。

② 两手微高于肩，两眼平视前方，极目远眺，舌尖平铺，松腰松胯，两足趾抓地，似要生根之状，全身放松，心平气和，排除杂念，摒弃诸缘。

3. 韦驮献杵第三势

（1）口诀：掌托天门目上观，足尖着地立身端，力周腿胁浑如植，咬紧牙关不放宽。舌可生津将腭抵，鼻能调息觉心安，两拳缓缓收回处，用力还将挟重看。

（2）动作姿势（图31-3）。

① 掌托天门目上举：接上势，两臂上举，掌心相对，翻转掌心向上，十指相对，舌抵上腭，仰面观天，眼看九天之外，脚跟提起，足尖着地。

② 俯掌贯气：两掌心翻转朝下，肘微屈，头正，眼平视前方，舌尖放下，两臂在身前缓

缓下按至小腹前，神意自九天之外收回，自头顶百会穴透入，径咽喉，脊髓至尾闾，沿两腿直达涌泉。下导时，足跟随之着地。

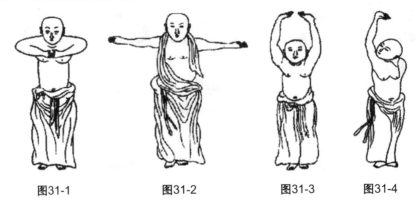

图31-1　　　　图31-2　　　　图31-3　　　　图31-4

4. 摘星换斗势

（1）口诀：双手擎天掌覆头，再从掌内注双眸，鼻端吸气频调息，用力收回左右眸。

（2）动作姿势（图31-4）。

① 双手擎天掌覆头：右手经身体右侧缓缓向上举起，掌心朝天，五指朝左弓，松肩直臂左手臂外劳宫紧贴命门。舌抵上腭，仰面上观手背，透过手背看九天之上，身体自命门起上下双向伸展。

② 俯首贯气：右掌翻转向下，屈肘，正头，舌尖自上腭自然放下，眼平视前方或轻闭，同时"神返身中"。久练后与双手擎天连续练习时有"人在气中，气在人内"，内外一气的感觉。松腰，则左掌劳宫穴发气，与上式俯掌贯气同，可参阅。

左手动作与右手动作相同，方向相反。

5. 倒拽九牛尾势

（1）口诀：两腿后伸前屈，小腹运气放松，用力在于两膀，观拳须注双瞳。

（2）动作姿势（图31-5）。

① 左脚向左侧迈出一步成左弓步。同时，左手握拳上举，拳稍过头顶，拳心向内，屈肘。前臂与上臂所成角度略大于直角。肘不过膝，膝不过足，成半圆形，两眼观左拳。右手握拳，直肘向后伸展，拳心向后，前后两拳成绞绳状，称为螺旋颈。松肩，两肩要平而顺达。背直，塌腰收臀，胸略内含，藏气于小腹，鼻息调匀，舌尖轻抵上腭。

② 导气下达两拳放松成半握拳状。舌尖自上腭放下，肩、腰放松，左手劳宫穴发气，闭目。气自天目穴遂入，依次贯穿脑髓、脊髓、两腿骨髓，直达两脚涌泉穴。

③ 转身向右，与前式相同，唯左右相反。

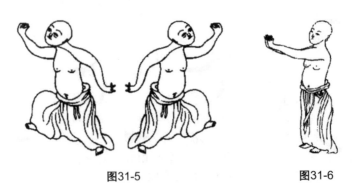

图31-5　　　　　　　　图31-6

6. 出爪亮翅式

（1）口诀：挺身兼怒目，握手向当前，用力收回处，功须七次全。

（2）动作姿势（图31-6）。

① 握拳护腰由第一势预备桩功，上身前俯，两臂在身前松垂，两手握拳，由身前缓缓提起，置于腰间，拳心朝上。同时配合顺气，身直胸展，舌尖轻抵上腭，青少年、年轻力壮或以增强力量为目的者，提起握紧拳。

② 两拳变掌，缓缓向前推出，至终点时掌心朝前，坐腕屈指，高与肩平，两眼平视指端，延展及远。

③ 松腕，虚掌，十指微屈，屈肘，两手缓缓向胸部收回，势落海水还潮，两眼轻闭，舌尖轻抵上腭，配以缓缓吸气。

7. 九鬼拔马刀势

（1）口诀：侧道弯肱，抱顶及颈，自头收回，弗嫌力猛，左右相轮，身直气静。

（2）动作姿势（图31-7）。

① 右手后背，掌心朝外，置于腰部。左手上举过头，屈肘贴枕部抱头，手指压拉右耳，左腋张开。同时头颈腰背拧转向左后方。舌尖轻抵上腭，稍停片刻。

② 拧身复正，侧头上观。两眼延展及远。舌尖轻抵上腭，身直气静。两手沿体前缓慢下落，恢复预备姿势。后续动作与前相同，左右相反。

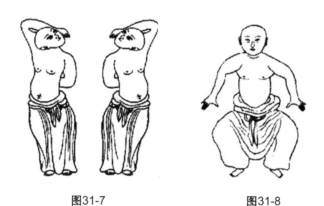

图31-7　　　　　图31-8

8. 三盘落地势

（1）口诀：上腭坚撑舌，张眸意注牙，足开蹲似踞，手按猛如拿，两掌各翻起，瞪睛兼闭口，起立足无斜。

（2）动作姿势（图31-8）。

① 同第一式预备柱功，屈腰下蹲，同时两掌分向身侧胯旁，指尖朝向左右侧方（微微偏前），虎口撑圆，眼看前方，延展及远。上虚下实，空胸实腹，松腰敛臀，气蓄小腹。要做到顶平、肩平、心平气静。练虚静功者可闭目敛神。

② 两腿伸直，翻掌托起，如托千斤。同时舌抵上腭，眼向前平视，全身放松。

③ 俯掌屈膝下按（恢复马步蹲按），配以呼吸，如此反复蹲起3次。年轻体壮者则宜全蹲，站起进宜缓，同时握拳上提。

9. 青龙探爪势

（1）口诀：青龙探爪，左从右出，修士效之，掌平气实，力周肩背，围收过膝，两目平注，息调必谧。

（2）动作姿势（图31-9）。

① 上身微俯，两手握拳，缓缓自身前提起，置于腰间，拳心朝上，同时配合吸气。舌尖轻抵上腭。右拳以拳面抵于章门穴，左拳变掌上举过头，腰身缓缓屈向左侧，使左腰充分收缩，右腰极度伸展。掌心朝下，舌尖轻抵上腭，自然呼吸，眼看左掌。

② 屈膝下蹲，左手翻转掌心朝上，手背离地面少许，沿地面自左方，经过前方划弧至左脚外侧；右拳变掌落下，同时身体随之转正，两手握拳。右手动作与左手动作相同，方向相反。

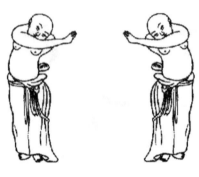

图31-9

10. 卧虎扑食势

（1）口诀：两足分蹲身似倾，屈伸左右腿相更，昂头胸作探前势，偃背腰还似砥平，鼻息调元均出入，指尖着地赖支撑，降龙伏虎神仙事，学得真形也卫生。

（2）动作姿势（图31-10）。

① 上身微俯，两手握拳，缓缓自身前提起，掌心朝上，身直胸展。不停，两拳顺着胸部向上伸，拳心转向里，同时屈膝、屈胯、微蹲蓄势，配以深长吸气。

② 左脚踏前一步，顺势成左弓步，同时臂内旋变掌向前下扑伸，掌高与胸齐，眼视两手。在扑伸的同时发"哈"声吐气。不停，身体前倾，腰部平直，将胸中余气呼尽，顺势两手分按至左脚两侧。头向上略抬，两眼平视。

③ 前两个动作要协调一致。两脚不动，起身后坐同时两手握拳，沿左腿上提。其他动作与前述之动作同。如此共扑伸3次，左脚收回，右侧与左侧动作相同，方向相反。

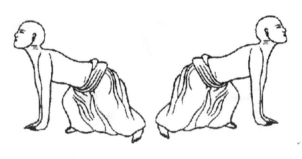

图31-10

11. 打躬势

（1）口诀：两手齐持脑，垂腰直膝间，头唯探胯下，口更啮牙关，掩耳听散寒，调元气自闲，舌尖还抵腭，力在肘双弯。

（2）动作姿势（图31-11）。

① 两臂展直，从身侧高举过头，仰面观天，头颈正直，屈肘两手抱后脑，掌心掩耳，两

肘张开，与肩平行。

② 上身前俯成打躬状，头部低垂，大约至两膝前方。两膝勿屈，微微呼吸，掌心掩耳。两手以指（食、中、无名指）交替轻弹后脑（风池穴附近）各36次。

③ 缓缓伸腰站直，先向左侧拧腰侧转，再向右侧拧腰侧转，往返7次。

④ 在身体转至正中后，抬起脚跟，同时两手自脑后高举过头，仰掌呈擎天状，躯体充分舒展，并配合吸气。

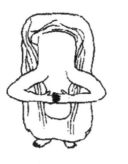
图31-11

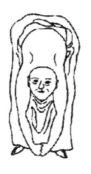
图31-12

12. 掉尾势

（1）口诀：膝直膀伸，推手自地。瞪目昂头，起而顿足，21次。

（2）动作姿势（图31-12）。

① 两手分别自身侧高举过头。两掌相合，提顶、伸腰、展臂、提起脚跟极力高举。

② 脚跟落地，两脚踏实，同时两掌落至胸前。十指交叉翻转，掌心朝外，两臂也随之前伸，展直。翻掌朝下，在身前徐徐下降至裆部后，弯腰前俯，继续下按至地。膝不可屈，如有未达，不可勉强。下按至终点时，昂头，舌抵上腭。如此俯仰躬身重复举按3～5次。天长日久，掌可逐渐靠近地面。

③ 转腰向左方，两脚不移，左脚变虚，右脚变实，右膝微屈。同时两手保持交叉状态，沿地面划弧移至左脚外侧。两臂保持伸展，自左方高举转头，掌心朝上，仰面观天，拧腰180度转向右方，徐徐弯腰右方俯身，下按至右脚外侧，如未达到，不可勉强，可继续俯仰3～5次，以后逐渐靠近地面。

④ 最后一次下按至右脚外侧时，伸舒腰身，两臂随之高举过头。继之扭腰转身至正前方。两掌相合，徐徐降至胸前。两掌缓缓分开，十指相对，下按，两手分开，自然下垂于两胯旁，恢复成预备姿势。两脚跟起落顿地3～21次。

第五篇 冬季运动

第三十二章 滑冰

第一节 速度滑冰技术分析

一、直道滑跑技术

1. 滑跑姿势

（1）上体姿势。上体放松成背弓的流线型。上体应倾至几乎与冰面平行或肩背略高于臀部，与冰面形成 10°～25°角，上体要充分放松，团身，两肩下垂，力求接近流线型。头部微抬起，目视前方 10～20m（图 32-1）。

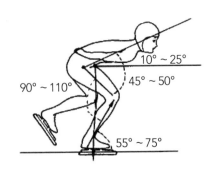

图32-1

（2）腿部姿势。大腿深屈，膝关节角度 90°～110°，踝关节角度 55°～75°，髋关节角度屈至 45°～50°。

（3）常见的错误动作：滑跑姿势过高；两刀分开过大，成"X"形腿；用冰刀内刃支撑滑行；身体重心位置不适宜，重心偏前。

2. 直道滑跑动作（图 32-2）

（1）蹬冰。支撑脚冰刀以内刃切入冰面，刀尖指向滑行方向，重心控制在冰刀的中部用全刃向侧推蹬，形成身体重心横向另侧移动。当浮腿前摆着冰时，则是快速伸膝展腿的最佳时机。（图 32-2）

（2）收腿。在单支撑蹬冰的同时，浮腿收向身体重心的支撑脚方向。屈膝放松，利用蹬冰后腿部肌肉的余力使冰刀抬离冰面，大腿内收（大小腿在一个平面）使两腿靠拢。

常见的错误动作：刀尖刮冰，不能抬离冰面，增加了阻力；先收膝而小腿留在外侧（大小腿不在一个平面）；先收小腿而后收膝盖且不能与支撑腿靠拢；腿部成圆弧绕动收腿，不能直接收腿。两腿不靠在一起。

（3）着冰。浮腿摆动脚的刀尖稍翘起朝着新的滑行方向出刀，膝盖领先上抬，小腿积极前送，以冰刀的外刃（或平刃）和冰刀的后半部着冰，使新的滑行方向能沿直线滑行，确定下一滑步的滑行方向，直到摆动腿完全承接体重为止。

常见的错误动作：着冰后过早承接体重而削弱蹬冰效果；着冰时出刀角度过大，影响滑跑直线性；着冰时浮脚冰刀与支撑脚冰刀距离过远，形成侧跨动作；不能用冰刀外刃或平刃着冰；着冰时膝盖不能积极前送，不能用冰刀的后半部着冰，甚至用冰刀前半部先着冰；着冰动作与结束蹬冰动作配合不协调，着冰前浮脚有停顿过程。

（4）滑行。蹬冰脚冰刀离开冰面，支撑腿借助前次蹬冰惯性，在冰上支撑滑行，冰刀由外刃过渡到平刃支撑。保持鼻、膝、刀三点成一线的自由滑行姿势；两肩和臀部平稳；身体重心位于冰刀中后部上方，上体朝着滑行方向。

常见的错误动作：膝盖向内成"K"形，冰刀用内刃支撑；腿的下蹲度不适宜，姿势过高；上体与滑行方向不一致，向左、右摇摆。重心偏前；踝关节立不住（倒踝）。

（5）摆臂配合。臂前摆时，以肩为轴，臂从后高点顺势下落，经下垂点加速向前上方摆至前高点，后臂从前高点回摆下落经下垂点，接着加速向后方至后高点。臂的摆动方向、力量、幅度和速度应与腿部动作协调一致，短距离可采用屈肘摆动。中长距离向后摆动时可将臂完全展直。

摆臂动作分单摆臂、双摆臂和背手滑行（不摆臂）。摆臂是为加快移动重心，提高滑跑频率；有助于增加蹬冰力量，产生更大的向前推力；可保持动作平衡和直线滑行的平稳性。

图32-2

二、弯道滑跑技术

1. 滑跑姿势

整个身体必须取较大程度向左倾斜流线型滑跑姿势，并以交叉步方式完成弯道滑跑。头、肩、上体成一线向左倾斜；体重落在冰刀的中后部，重心位于弯道线里侧；两肩和臀部保持与冰面平行的稳定状态；左刀用外刃支撑，右刀用内刃支撑；两肩与臀部始终保持与离心力方向成一条直线。

常见的错误动作：左脚冰刀不能用外刃支撑，踝关节立不起来（倒踝）；左腿膝盖向右成"X"形支撑；低头或头向内、向外扭转，不能保持头在躯干延长线上的领先位置；头向内、臀向外，或头向外、臀向内；姿势高，重心偏前；左肩低于右肩，左臂低于右臂；上体不能朝着弯道切线方向；上体过低或过高，不能保持流线型。

2. 弯道滑跑动作

（1）双脚平行转弯法。在滑进中如果要向左转弯，首先要把重心移到左腿上。身体前倾、膝关节屈曲，左脚稍前、右脚稍后。左脚外刃、右脚内刃用力向转弯的反方向蹬地。身体向左倾斜，两脚平行向左边划两条"弧线"，转弯即可完成。双足滑行向左转弯时，应向前滑行几步以后，利用惯性两脚平行着冰，做出身体向左倾斜的动作，成双足向左滑行的大曲线（弧线）。体重主要放在左脚上。右脚起辅助作用。

（2）双脚平行短步蹬地转弯法。

① 保持双脚平行转弯的姿势。

② 向左转弯时，重心要往左侧倾倒。

③ 左脚外刃、右脚内刃交替往右侧蹬，改变前进方向。两脚蹬一步往左移进一点，通过多次交替使身体在快速中转向左侧。在上述动作基础上，将重心完全移到左脚上，右脚抬离冰面并在体侧不断地以内刃向侧蹬冰，左脚连续做短切线。形成了向左转弯动作。

（3）压步转弯法（如图32-3）。

① 保持向左转弯姿势，当右脚向右侧蹬去时，身体重心应落在左腿并支撑滑行。

② 身体前倾并向左侧倒，右脚蹬地结束后，迅速将右脚提到左脚前左侧，并支撑全身的重心。左脚用外刃向右腿下交叉蹬过去，然后将左脚迅速移到右脚前内侧，变成支撑腿，这样一右一左为一个交叉压步。根据弯道的大小，应进行多次重复。

③ 在弯道压步时，身体始终保持向左倾倒。两臂配合蹬地动作，左臂前后小幅度摆动，右臂侧后大幅度摆动，向前时屈肘。

④ 身体倾斜要适度。它与弯道的速度成正比例关系，速度越快身体倾斜度越大。当身体向左倾斜，左脚持续滑进时，右脚蹬冰后迅速移向左脚前方落冰，左脚以外刃蹬冰。此时身体仍保持向左侧倾斜，右脚支撑体重并以内刃滑行，两膝弯曲，重心下降。

（4）出弯道时滑跑动作。

① 出弯道的第一步应该是左脚。

② 右腿随左脚着地时，向前引腿。

③ 当左脚内刃着地开始蹬地时，右脚向前送出。

图32-3

三、起跑技术

起跑是滑跑的开始，在尽可能短的时间内，达到高滑跑速度。起跑对于短距离（500～1500m）项目尤为重要。起跑技术是由起跑姿势、起动、疾跑和衔接四个部分构成的。

1. 起跑姿势（图32-4）

起跑姿势按滑冰者站立姿势可分为正面起跑和侧面起跑。

"各就位"姿势。"各就位"口令下达后，前脚冰刀与起跑线约成45°角，刀尖切入冰面，刀跟抬起保持稳定不动。后刀用平刃或内刃置于冰面，两刀间距略大于髋，两刀开角为90°～120°，后刀刃应牢牢咬住冰面，以便起动时后脚冰刀快速发力。"预备"口令下达后，屈膝屈髋，降低身体重心，体重大部分移至前脚冰刀。重心前移，要做到肩超过前脚刀尖并位于前膝上方，前膝蹲曲角约为90°，后膝约为110°头部要与整个身体成直线，目视前方跑道。后臂微屈肘（90°～110°）并后举与肩齐平或略高于肩，前臂屈肘约成90°角，置于膝盖上方，两手半握。上述动作做好后，保持静止不动两秒钟以上。

图32-4

2. 起动技术

起跑的第一步为起动，是指浮腿向前摆动迅速跨出着冰，后腿快速用力蹬离冰面。起动动作完成标志着起跑动作的结束和疾跑动作的开始。起动技术完成得好坏，直接决定起跑动作的效果。

鸣枪后迅速向前上摆动浮腿，并使前脚冰刀尽量外转。身体重心偏前，成前冲姿势，快速用力蹬直后腿，身体向前"弹出"，在后腿蹬直瞬间，两刀抬离冰面，身体有个腾空阶段。两臂配合腿的蹬踏动作，屈肘做小幅度快速摆臂。髋要随重心移动而前送，外转的前脚冰刀以内刃踏切动作迅速着冰，并使刀跟落于前进方向的中线上。

3. 疾跑技术

起跑后，获得最大的向前冲力而转入疾跑。疾跑的任务是在尽可能短的距离内获得最佳速度。短距离疾跑蹬冰用力大而疾跑段落长，长距离蹬冰用力相对较小而疾跑段落短。

（1）疾跑通常分为三种方法，即切跑法、滑跑法和扭滑法。

① 切跑法：切跑法适合于腿部力量较强、灵敏性较好的运动员，其优点是起速快、形成的加速度大。缺点是消耗体力大，疾跑过渡到途中滑跑的衔接技术不易掌握。

② 滑跑法：滑跑法通常在长距离比赛中采用，对于灵敏性较差、腿部肌力较差的新手更适宜。其优点是起滑稳定，消耗体力较小，疾跑与途中滑跑之间的衔接较容易掌握，缺点是起速较慢。

③ 扭滑法：扭滑法是切跑法和滑跑法的结合，具有前两种的优点，也克服了前两种的缺点。

现代优秀速滑运动员起跑，通常是将三种方法融为一体，即前1～3个复步用切跑法，后转入扭滑法，当达到一定的滑速后转入滑跑法。这种综合起跑法既有利于起速，也有利于衔接过渡，起跑效果很好。

（2）动作规范要求。疾跑最初几步要将浮腿向前抬送，大腿摆至胸下，膝盖朝前小腿外转，将冰刀控制在身体下方或稍前方着冰。疾跑最初几步的冰迹短而深，没有自由滑行，冰刀外转并与起跑线约成45°角着冰。随疾跑速度提高，着冰角逐渐由45°变为90°，蹬冰方向由向后侧蹬冰逐渐变为向侧蹬冰。蹬冰力量也由垂直方向转为水平方向。上体微抬，与垂直轴成45°的前倾姿势，有利于浮腿抬高前送。

四、终点冲刺技术

在全程滑跑的最后阶段，运动员越来越疲劳，努力保持合理滑跑技术，竭尽全力滑完全程，并以合理有效的冲刺技术触及终点线，完成冲刺动作。动作规范要求：

（1）保持正确的滑跑动作和已取得的滑跑速度，注重侧蹬冰质量。
（2）采用双摆臂加快蹬冰节奏。
（3）项目距离长、竞技水平高，则冲刺段落相对较长。
（4）终点冲刺以"箭步送刀"的方法结束用冰刀触及终点线的最后冲刺动作。
（5）在教学和训练中，应高度重视冲刺动作；以最低的滑跑姿势结束最后一步滑行动作。膝盖加大前弓，小腿和冰刀尽力前送触及终点线。臂的摆动与上体和腿部动作要高度协调配合，表现出集中全力顺势冲向终点线的特点。

五、停止法技术

停止法主要是用冰刀内刃或外刃对冰面施力，增加制动摩擦力使滑行停止。停止法有下几种：

（1）犁状停止法。犁状停止法是最简单的，其动作方法是：在滑行中，两膝内扣，将刀跟分开使两刀尖向内，同时将重心后移成后坐姿势，用两刀内刃压擦冰面，形成制动力，使滑行停止。

（2）身体侧向内外刃停止法。其动作方法是：在高、中姿势滑行中，降低身体重心并使身体向一侧转动，两膝并拢，用一脚冰刀内刃、另一脚冰刀外刃压擦冰面形成制动力，使滑行停止。

（3）刀跟停止法。其动作方法是：在慢速滑行中，将身体重心后移，成一腿屈膝，另一腿将刀尖抬起，用刀跟压擦冰面，使滑行停止。

（4）单脚外刃停止法。这是一种用右脚冰刀外刃急速停止滑行动作的较难的停止法，具备一定滑行基础的人方可学习。其动作方法是：在滑跑中，左脚冰刀抬离冰面，身体右转侧对滑行方向，重心后移成后坐姿势，用右脚冰刀外刃急剧压擦冰面，使滑行停止。

第二节　速度滑冰陆地学习方法

一、直道诱导动作

1. 基本滑行姿势

两脚并拢，两腿蹲曲，上体前倾，肩略高于臀，身体重心落于两脚之间，两手互握于背后，头稍抬起，目视前方。基本滑行姿势各部位角度是：上体与地面成10°～20°，大腿与小腿为90°～110°，小腿与地面（踝关节角）成55°～60°。

2. 单脚后位平衡

由基本滑行姿势开始，一腿支撑身体，另一腿向后伸出成后位平衡姿势，然后收回浮腿成还原姿势。两腿交替进行。

动作要领：支撑腿膝盖前弓位于胸下，重心通过支撑脚的中部，浮腿在后位，大腿垂直地面，大小腿成直角，脚尖垂直于地面，以大腿带动小腿收回成基本滑行姿势。

3. 单脚侧蹬平衡

由基本滑行姿势开始，一腿向侧轻擦地面蹬出，然后收回成还原姿势，两腿交替进行。

动作要领：侧蹬脚用内侧与支撑脚成垂直方向轻擦地面蹬出，支撑腿侧保持鼻、膝、脚成一线的单腿平衡姿势（体重放于支撑腿），浮腿以大腿带动小腿，大小腿在一个平面放松收回成还原姿势。

4. 诱导联合动作

由基本滑行姿势开始，一腿向侧蹬出，然后回收经后位平衡至双脚并拢成还原姿势。两腿交替进行。

动作要领：重心放于支撑腿，支撑腿侧保持鼻、膝、脚三点成一线的平衡姿势，浮腿以髋关节为轴，大腿带动小腿，大小腿在一个平面放松收回成还原姿势。

5. 移动重心

由基本滑行姿势开始，身体向一侧破坏平衡移动重心，同侧浮腿随上体移动至支撑腿蹬直后，在侧方着地承接体重，异侧腿收回并拢成还原姿势。两腿交替进行。

动作要领：保持基本滑行姿势，两肩和臀部平行向侧移动，支撑脚蹬直时，浮脚着地即承接体重，浮腿以大腿带动小腿放松收回靠拢成还原姿势。

二、直道模仿动作

由基本滑行姿势开始，一脚抬起并使脚尖朝前，向侧平行移动与此同时支撑脚全脚掌内缘与地面接触，像冰上用刀刃中部蹬冰一样随重心移动展直腿完成蹬冰动作。浮脚脚尖朝前以全脚掌着地。当浮脚着地瞬间上体压在两腿之间（这和冰上技术不相同），上体继续侧移直到胸部处于新支撑腿正上方、蹬冰腿完全蹬直为止。浮腿以大腿带动小腿使脚尖轻轻提起，大小腿在一个平面摆收至两腿并拢，并流畅地做下一次移动重心的蹬冰动作。两腿交替进行。

动作要领：保持基本滑行姿势；支撑脚保持与鼻、膝成三点一线平行向侧移动重心，并以全脚掌内缘蹬地向侧展直腿蹬离地面；浮腿侧移，领先身体时间要恰到好处，浮腿以大腿带动小腿，大小腿在一个平面摆至两腿并拢。

三、弯道诱导动作

1. 基本滑行姿势

在直道基本滑行姿势的基础上，采用扶持或牵拉的方式，使左脚用外缘、右脚用内缘支撑，两肩和臀部平行向左倾斜，成弯道向左倾斜姿势。

2. 右脚侧蹬练习

由基本滑行姿势开始，左脚用外缘支撑身体，右脚用全脚内缘轻擦地面向侧方蹬直，然后以膝盖领先直接收回，反复练习。动作要领：右脚用内缘向与支撑脚垂直方向蹬出，左腿位于胸下，用左脚外缘支撑。

3. 左脚侧蹬练习

由基本滑行姿势开始，右脚用内缘支撑身体，左脚在右腿后方，全脚外缘轻擦地面向侧方蹬直，然后以膝盖领先直接收回，反复练习。动作要领：左脚用外缘向与支撑脚垂直方向蹬出，右腿位于胸下用右脚内缘支撑。

4. 诱导联合动作

由弯道基本滑行姿势开始，随身体向左倾倒，左脚向右侧蹬直，然后左腿以膝盖领先向右膝并拢并向左跨出，以左脚外缘着地，与此同时，右腿向侧蹬直，然后右腿以膝盖领先经与左腿成交叉步以右脚内缘着地。两腿反复练习。动作要领：保持基本滑行姿势，支撑腿以左脚外缘、右脚内缘向右侧蹬直，浮腿以膝盖领先收回。

四、弯道模仿动作

1. 滑跳模仿

弯道滑跳模仿动作与弯道滑行模仿相似。在练习中通常将滑跳模仿动作与弯道摆臂动作协调配合进行，使动作节奏流畅更接近于冰上技术。

动作要领：保持两肩和臀部平行的左倾姿势，两腿交替连续做展腿侧蹬动作，浮腿以大腿带动小腿做向左跨步的摆收动作。

2. 弯道后交叉步练习（如图 32-5 所示）

由弯道交叉步开始，左臂在前、右臂在后，随两臂经下垂点向左前后高点摆动，左腿向左摆收，右腿蹬动；右腿侧蹬后做后交叉步动作，与此同时，两臂分别摆至前后高点，两腿交替进行。

动作要领：支撑腿随浮腿的摆收强有力地向侧蹬动，浮脚着地成为支撑腿，另一腿在臀下像冰上一样准确、迅速、有力地做向侧蹬冰。

图32-5

第三十三章
滑雪

课程资源
扫码即可观看

第一节　滑雪运动概述

滑雪起源于北欧的挪威，当生产条件还很落后的时候，人类为了在恶劣的自然环境中生存，发明了可以代替行走的滑雪板，使得人们可以在森林中驰骋，追寻猎物。

滑雪运动从所处地理条件来说可分为越野滑雪和高山滑雪两大类。越野滑雪起源于挪威，主要是在平原或地形起伏不大的丘陵地带开展，是主要的代步方式。高山滑雪起源于欧洲的阿尔卑斯山区，所以也称阿尔卑斯滑雪，主要是在地形起伏较大的山区开展。就娱乐性、刺激性、挑战性来说，高山滑雪对人们的吸引力更大，从事高山滑雪运动的人数也更多。

这两种滑雪运动所使用的滑雪器材和滑雪技术差异很大。就我国高校来说，开展高山滑雪运动的条件比开展越野滑雪运动的条件要好，国内大多数滑雪场都是标准的高山滑雪场，可供不同技术水平的大学生进行高山滑雪活动。

第二节　滑雪运动入门与基础

一、滑雪器材

滑雪运动必须借助于器材。对于初学者来说，器材的好坏直接影响训练的效果。有一套好的器材，能使你更快地学会滑雪。滑雪器材包括滑雪鞋、滑雪板、滑雪杖、滑雪镜、滑雪服和手套等。

1. 滑雪鞋

滑雪的技术动作主要靠脚来完成，故对鞋的要求很高。鞋必须合脚，穿着感到舒服，脚掌、脚背、脚跟应被紧紧裹住，脚趾在鞋里则不能感觉太紧。穿好滑雪鞋后应感到鞋紧裹在脚和小腿上。

2. 滑雪板

初学滑雪者，一般应使用短一点的滑雪板，这样能更容易地学习一些滑雪动作。在使用滑雪板前要先检查一下滑雪板上的固定器是否完好，脱离强度是否调到适当的位置。

一般初学者，男生应使用170~180cm的滑雪板、女生应使用160~170cm的滑雪板。

3. 滑雪杖

滑雪杖用来在起滑时支撑、在滑行中平衡身体，一般滑雪杖的长度为90~125cm。

4. 滑雪镜

在晴天里，雪道上的雪会反射太阳光，使人感到光线很强，所以需要用滑雪镜挡光，同时滑雪镜也能起到挡风的作用，使人能看清雪道，便于滑行。

5. 滑雪服

初学者比较容易摔倒在雪地上，所以最好选用连体式滑雪服，可以避免雪进到衣服里面，同时又不会发生因衣服宽松而影响滑雪的现象。

6. 手套

应选不透水面料，而且保暖性好的手套。

二、正确穿戴并熟悉雪具

在滑雪教练或工作人员帮助下选用适合自己的滑雪鞋、滑雪板和滑雪杖，在滑雪场的初级练习场先做热身活动。

（1）很多初学者穿上滑雪鞋会觉得双脚被箍得很紧，宁愿脚在里面松快一些，到底怎样的滑雪鞋合适呢？正确的选择是，合适的鞋子应该是让你的胫骨、脚后跟、脚面被紧握而不感觉压迫，踝关节要能弯曲，脚趾能活动且可以抓地。总之要让鞋子和脚成为一个整体，因为滑雪过程中滑雪者主要通过滑雪板控制速度，没有合脚的鞋子就无法有效地做出各种动作。

切记不要为了舒服而让你的脚在鞋子里滑动，那样可能会扭伤。穿滑雪鞋在雪地行走时，步伐应适中，应脚跟先着地。

（2）在穿滑雪板之前，应先把两只滑雪板放在平地（初学者不要在斜坡上穿鞋），在双手执杖支撑下再穿滑雪板。先将前脚掌置入滑雪板固定器，上滑雪板时，只需将后部的固定器抬起，将滑雪鞋的前端插入前部固定器的凹槽内，用力向下压滑雪鞋的后跟，听到"啪"的一声，固定器即已将滑雪鞋的前后端紧紧卡在滑雪板上了。

（3）滑雪杖的正确握法是：先将手穿过滑雪杖的佩带，然后将佩带握在手中，这样万一摔倒，滑雪杖也不会轻易地被扔出去。

握好滑雪杖后，双手执杖插在身体两侧的雪地上保持平衡，同时两脚踩板前后移动，以适应滑雪板。

三、雪上行走

滑雪的平地行走技术包括前后方向行走、横行和原地行走转圈。平地前后行走时，注意保持双板平行，两只滑雪板的板头和板尾不能交叉，步幅要小。

横向行走是为上坡打基础，要领是步幅要小，保持双板平行。原地转圈360°时，每一步的角度不要大，以向左转圈为例，左板每走一步，右板跟上的一步要保持与左板平行，板头和板尾不能交叉，否则将会失去平衡导致摔跤。

平地保持平衡比较容易，稍有滑动可以顺其自然，不要紧张慌乱导致自己失去平衡。在斜坡上保持平衡首先要明白"滚落线"的概念。滚落线是指一个圆球从斜坡上滚落的线路。要想在斜坡上保持平衡，必须使滑雪板与滚落线保持垂直，并且要让滑雪板的内刃和外刃嵌入山体，并形成夹角。

能在斜坡上保持平衡后就可以尝试横向蹬坡，即由山下雪板的内刃和山上雪板的外刃做支撑，轮流交换重心横着向山上蹬行，双手执滑雪杖自然地在身体两侧点地帮助保持平衡。

横向蹬坡动作要领：上身直立、膝盖微弯、顶住鞋子的前沿以支撑身体的重量，双板要平行并与滚落线垂直（要时刻观察滚落线的走向，滚落线要靠自己去想象，雪道上并不会画出来），双膝向山上倾斜，腰部和肩部向山下倾斜，身体成反弓形。

外"八"字蹬坡是比横向蹬坡更有效率的一种方法。外"八"字蹬坡动作要领：身体正对滚落线，双板的板头宽、板尾窄，呈外八字形，双膝内旋以使双板的内刃立起与雪面形成夹角，双手在身后执滑雪杖的杖头（像老人拄拐棍的姿势）支撑，双板轮流交替向上蹬行，滑雪杖在身后自然轮流支撑。

第三节　滑雪技术（以高山滑雪为例）

1. 直滑降

选择缓坡蹬坡后，用滑雪杖支撑，使自己顺利地调整板形，双板平行与肩同宽，正对雪道下方，慢慢收起滑雪杖，身体的重量会使你徐徐下滑，直到平地时自然减速停止。

要领：上身直立，头部抬起，目视前方，不要紧盯自己的滑雪板，而要注意观察周围情况，肩部放松，胳膊前伸，双手握滑雪杖与髋同高，滑雪杖头垂在身后，膝盖微屈，感觉胫骨微微压迫滑雪鞋的前端，滑雪板平放在雪道上，身体随着滑行。

直滑降技术常见的错误常由恐慌引起，恐惧下滑的高度及自己越来越快的速度。如果是这样，干脆向身体的两侧坐倒或做出犁式制动以减速。同时还要自我放松，使身体重心前倾，而不要滞后。弯腰、撅臀和后坐都是错误的姿势。

2. 犁式制动（内"八"字刹车）

犁式制动是一种非常有效的制动技术，可以用来停止滑行、减速、控制滑行和转弯，甚至有些高级滑雪者在天气恶劣时和狭窄的雪道上也采用这种技术。

犁式制动是在直滑降的过程中完成的。上身放松，手握滑雪杖头在身前腹部的高度，滑雪杖垂在身后，身体重心在前脚的内侧，不能后坐，在滑行中使双板打开成倒V字形，髋部的重量均匀分布在两个滑雪板上，双膝和踝关节内旋，使两只滑雪板的内侧立起划于雪面，形成楔子嵌入雪面，加大阻力从而使自身下滑的速度减缓并最终停止。练习犁式制动要从平缓的斜坡开始，随熟练程度增加后可加大坡度。

3. 转弯犁式

在运用犁式制动技术滑行、减速之后，可以练习转弯犁式技术。在运用转弯犁式技术时，两只滑雪板一直呈倒V字形，当身体的重心不是均匀放在两个滑雪板上时，滑行的方向就改变了：重心偏向右板时（向右滑行受阻），滑行的方向偏向左边；重心偏向左板时（向左滑行受阻），滑行的方向偏向右边。学习这项技术要注意滚落线的位置，滑行路线要沿着滚落线成S形。

4. 斜向滑行

斜向穿过滑雪道（斜坡）而不是直着冲下山被称为斜向滑行（或叫斜滑降）。在坡度很大的情况下，斜向滑行可以有效地控制速度滑行。斜向滑行的正确姿势是：双手握杖在身体前，胳膊放松，滑雪杖垂向身后，山上一侧的肩膀和腕部要扭向山下方向，这样身体的上部就会冲着山下方向，膝盖微屈使滑雪板靠山上一侧的半刃嵌入山体（不至于横着下滑），斜向前方滑行时身体重心偏向山下，双板的板形是平行的。

当觉得滑雪板速度加快时，可以多施加压力给山下一侧的滑雪板，直到双板与滚落线的角度接近90度，就会减缓滑行速度并停止。而当双板与滚落线的角度逐步减小时速度又会加快。

5. 上坡式转弯

在斜向滑行时，给山下板施加的重力不断加大，斜向滑行的路线在穿过滚落线后会转弯继续向山、上滑行并最终停止。

6. 侧向滑行（横向下滑）

侧向滑行是一种应对陡坡的有效技巧。斜向滑行中把山下板的板尾向山下方向推出，重心在山下板上，双板同时横向平放于斜坡上，横着向下滑。需要停下时，以山上一侧板刃嵌入山体就可停止下滑。侧向滑行可以向侧前方向和侧后方向滑行。

7. 犁式转弯

在熟练掌握犁式制动、转弯犁式、斜向滑行之后，将三者结合即可练成犁式转弯。基本过程是：双板平行斜向滑行，过了滚落线后马上用转弯犁式来转弯，转过弯来后再恢复斜向滑行，如此循环往复。

参考文献

[1] 杨文轩，陈琦. 体育原理[M]. 北京：高等教育出版社，2004.

[2] 潘绍伟. 学校体育学（第三版）[M]. 北京：高等教育出版社，2015.

[3] 大学体育与健康教程编写组. 大学体育与健康教程[M]. 北京：化学工业出版社，2019.

[4] 李仪，傅建. 大学体育与健康教程（第二版）[M]. 北京：高等教育出版社，2018.

[5] 常智等. 新编大学体育与健康[M]. 天津：南开大学出版社，2017.

[6] 孙威. 体育与健康——高职公共体育课教程[M]. 武汉：武汉大学出版社，2014.

[7] 马春燕，雷耀方. 大学体育[M]. 北京：人民邮电出版社，2017.

[8] 金承哲等. 大学生终身体育健康实践指导教程[M]. 北京：北京体育大学出版社，2014.